Handlungsorientierter Fremdsprachenunterricht

DEUTSCH

Studien zum Sprachunterricht und zur Interkulturellen Didaktik

Herausgegeben von

Wolfgang Herrlitz

Utrecht Institute of Linguistics
Universiteit Utrecht

6

Gisela Linthout

Handlungsorientierter Fremdsprachenunterricht

Ein Trainingsprogramm zur Kompetenzentwicklung für den Beruf

Redaktion

Wolfgang Herrlitz
Gabriele Schmitz-Schwamborn
Monika Veldenz-Dunne
Mathi Vijgen

Amsterdam - New York, NY 2004

Cover design: Paul C. Pollmann

The paper on which this book is printed meets the requirements of
'ISO 9706: 1994, Information and documentation - Paper for documents -
Requirements for permanence'.

ISBN: 90-420-1128-9
Editions Rodopi B.V., Amsterdam - New York, NY 2004
Printed in The Netherlands

Inhaltsverzeichnis

Allgemeine Einleitung

Fremdsprachenkenntnisse: eine Schlüsselqualifikation

Die Öffnung der europäischen Binnengrenzen macht es notwendig, Sprachen anderer Völker verstehen und sprechen zu können. Für einen weiteren Ausbau der Europäischen Union – und zwar nicht nur auf der ökonomischen und politischen Ebene - ist eine Vertiefung und Verbreitung der internationalen und interkulturellen Verständigung eine wesentliche Voraussetzung: Möglichst viele Menschen müssen miteinander reden und sich verstehen können. Deshalb ist Fremdsprachenlernen eine der bildungspolitischen Herausforderungen unserer Zeit.
Ein weiterer wichtiger Grund, das Lernen von Fremdsprachen zu fördern, liegt in der zunehmenden Globalisierung der wirtschaftlichen Verbindungen und Aktivitäten.
Nicht nur in großen, international agierenden Unternehmen, sondern auch immer mehr im Bereich der Klein- und Mittelbetriebe ist die Erkenntnis gewachsen, dass Fremdsprachenkenntnisse eine notwendige Bedingung für erfolgreiche internationale wirtschaftliche Aktivitäten sind. Sie sind zur Schlüsselqualifikation für Kommunikation und Mobilität und auch für interkulturelles Verständnis geworden.

Qualifikationen und Kompetenzen

Neben der Globalisierung ist es die informationstechnologische Revolution, die den grundlegenden Strukturwandel, mit dem wir es zu tun haben, prägt. Internationaler Wettbewerb, neue Formen der Arbeitsorganisation, neue Technologien und Produktionsverfahren und ein entstehender globaler Arbeitsmarkt sind die logischen Folgen. Das bedeutet auch, dass der einmal erlernte Beruf kaum noch eine Garantie für eine lebenslange, unveränderte Berufstätigkeit ist. Das heißt für den Einzelnen, dass er bereit sein muss, höhere und neue Qualifikationen zu erwerben und ständig neu bzw. umzulernen. Er muss Fähigkeiten entwickeln, die es ihm ermöglichen, sich schnell auf wandelnde Situationen und Anforderungen einzustellen. Neben den Fremdsprachenkenntnissen geht es im wesentlichen um die so genannten Schlüsselqualifikationen, auch 'soft skills' – weiche Qualifikationen - genannt, also u.a. um Flexibilität, Problemlösungsvermögen, Selbständigkeit, Kommunikations- und Kooperationsfähigkeit, Mobilität und kulturelle sowie interkulturelle Kompetenzen.
Auf die Frage: "Was müssen Mitarbeiter können?" nennen Führungskräfte aus der Wirtschaft und Arbeitsmarktexperten im In- und Ausland an erster Stelle mit

90 Prozent die 'Methodenkompetenz', d.h. die Fähigkeit, ein Problem zu erkennen und adäquat zu lösen. 83 Prozent gehen davon aus, dass die Mitarbeiter sich schon heute ständig weiterbilden müssen. Und zwar in Eigenregie. Das Fachwissen landet mit 77 Prozent auf Rang vier. Weil das Fachwissen nur noch eine kurze Halbwertzeit hat, werden neben den Fremdsprachenkenntnissen die 'soft skills' überlebenswichtig: Die Fähigkeit, sich selbst zu motivieren, selbständig zu lernen, im Team zu arbeiten, mit Menschen klar zu kommen und kommunizieren zu können. ('Deutschland' D1 2001: 60)

Gesellschaftlicher Bedarf – individuelle Bedürfnisse

In diesem lebenslangen Lernprozess haben die beruflichen Schulen mehr denn je den Auftrag, in die Formen des lebenslangen Lernens einzuführen und die Schlüsselqualifikationen zu vermitteln. Die Faktoren, die Arbeit und Ausbildung neu bestimmen, wirken sich auch direkt auf die Begründung und Vermittlung von Fremdsprachen im beruflichen Kontext aus. Dabei gehen der gesellschaftliche Bedarf an kommunikationsfähigen Mitarbeitern auf der einen Seite und die individuellen Bedürfnisse der Mitarbeiter, die sich in der komplexen Welt auf kulturelle Vielfalt und Mehrsprachigkeit ausrichten wollen und müssen, auf der anderen Seite in die gleiche Richtung. Persönlichkeitsbildung und berufliche Qualifizierung beim Fremdsprachenlernen sind nicht als Gegensätze zu sehen, sondern als Elemente, die sich gegenseitig fördern.

Berufliche Notwendigkeit – schulisches Angebot

Fremdsprachenkenntnisse werden als notwendige, vom Bildungssystem zu vermittelnde Schlüsselqualifikationen gesehen. Dass berufsbezogenes Fremdsprachenlernen gefördert und weiterentwickelt werden soll, ist inzwischen Allgemeingut. Der Bedarf ist groß: Je nach Branche benötigen zwölf bis 25 Prozent aller Mitarbeiter Fremdsprachenkenntnisse am Arbeitsplatz. In stark exportierenden Betrieben und in grenznahen Regionen liegt die Rate noch höher. Über die Notwendigkeit einer stärkeren Fremdsprachenförderung in der beruflichen Bildung besteht bei allen Akteuren Konsens. Diese allgemeine Wertschätzung von Fremdsprachenkenntnissen steht in deutlichem Kontrast zu der Tatsache, dass das Fremdsprachenlernen im Regelangebot der beruflichen Bildung stark unterrepräsentiert ist. An den beruflichen Schulen, denen eigentlich die Hauptrolle in der Vermittlung berufsbezogener Fremdsprachenkenntnisse zukommen müsste, hat der Fremdsprachenunterricht noch immer einen geringen Stellenwert mit abnehmender Tendenz. An vielen beruflichen Schulen ist nur für wenige Ausbildungsgänge überhaupt eine Fremdsprache vorgesehen. Insgesamt erhalten weniger als zehn Prozent aller Auszubildenden Fremdsprachenunterricht.

Aus den Bedarfs- und Bedürfnisanalysen einerseits und der Analyse der Situation des Fremdsprachenlernens an beruflichen Schulen andererseits ergibt sich für uns der eindeutige Schluss: Es besteht ein dringender Handlungsbedarf für die Förderung des Fremdsprachenunterrichts im beruflichen Bereich, um den Widerspruch zwischen theoretisch formulierten Postulaten und der Praxis endlich anzugehen.

Inhalte

Eine der wesentlichen Forderungen an zeitgemäßen berufsbezogenen Fremdsprachenunterricht ist heute das Erlernen einer Fremdsprache mit dem Ziel, diese in beruflichen Situationen angemessen anwenden zu können. Die Inhalte ergeben sich aus den Befunden empirischer Umfragen in Betrieben, aus den Berufsbildern und einschlägigen Berufsschul-Lehrplänen sowie aus den Anforderungen von Zertifikatsprüfungen und Zusatzqualifikationen.
Die methodische Umsetzung erfolgt über eine Übungstypologie mit handlungsorientierten Aufgabenstellungen sowie Anleitungen zum selbstgesteuerten Lernen einschließlich computerunterstützter Lernwege.

Prinzipien eines zeitgemäßen berufsbezogenen Fremdsprachenunterrichts

Die folgenden Prinzipien des berufsbezogenen Fremdsprachenlernens, das auf berufliche Handlungsfähigkeit und ein möglichst selbstbestimmtes Leben und Arbeiten in der Gesellschaft vorbereitet, waren für uns leitend und werden hier systematisch dargestellt und erläutert.

Berufsbezogenes Fremdsprachenlernen ist
- ⇒ interkulturell
- ⇒ medienorientiert
- ⇒ handlungsorientiert
- ⇒ projektorientiert
- ⇒ kooperativ

⇒ **Interkulturell**

Dass Lernende wesentliche Aspekte ihrer eigenen Kultur kennen lernen, ist ein unverzichtbares Bildungsziel. Genauso wichtig ist, dass sie Werte vermittelt bekommen, die für ein tolerantes Zusammenleben unerlässlich sind.
Konzepte interkulturellen Lernens zielen darauf, die kulturelle Gebundenheit von sich und Fremden zu erkennen und über die Kommunikation den Fremden als

gleichwertiges Gegenüber zu akzeptieren. Um zu diesem Perspektivenwechsel zu kommen, muss auch das eigene Vertraute in Frage zu stellen sein.
Interkulturelles Fremdsprachenlernen beinhaltet die Fähigkeit, Kommunikationsprozesse unter Einbeziehung der kulturspezifischen Variation in Bezug auf all das, was gemeinhin als von 'Kultur' beeinflusst gefasst wird, aktiv zu gestalten. Dazu gehören u.a. Wertvorstellungen, Kommunikationsregeln, Arbeitsstile u.a. So werden Synergie-Effekte in der internationalen Zusammenarbeit erzielt.
Die Bewältigung der wirtschaftlichen und politischen Zukunft Europas erfordert Fremdsprachenkenntnisse für alle Gruppen der Gesellschaft unter Berücksichtigung interkultureller und metakultureller Lernziele.

⇒ **Medienorientiert**

Lernen wird als Prozess der Informationsbeschaffung, -verarbeitung und -aufbereitung verstanden, wobei neues Wissen in der Interaktion zwischen bereits Gewusstem und unbekannten Informationen erworben wird. Dabei bietet sich die Nutzung technologiegestützter Lehr- und Lernwerkzeuge in besonderem Maße an. Der Erwerb von Methodenkompetenz wird gefördert und Lernprozesse selbst werden erfahrbar gemacht.
Für einen erfolgreichen Lernprozess wird auch gefordert, dass im Unterricht möglichst mit authentischen Materialien gearbeitet wird. Auch in der Aufgabenstellung sollte auf realitätsnahe, inhalts- und berufsbezogene Arbeitsformen geachtet werden. Dies ist über die Einbeziehung der neuen Technologien als Kommunikations- und Kooperationsmedium in besonderer Weise möglich.

⇒ **Handlungsorientiert**

Sprache wird im beruflichen Umfeld als Mittel zur Bewältigung von weitgehend authentischen kommunikativen Aufgaben und Situationen angeboten, und nicht mehr in isolierten grammatischen oder lexikalischen Einheiten. Die konkreten Aufgaben entstehen aus Situationen, in denen die Bewältigung von fremdsprachlichen Schwierigkeiten nötig ist, um ein Problem zu lösen.
Authentische sprachliche Kommunikation ist im berufsbezogenen Lernen selbstverständlicher Teil des Lern- und Arbeitsprozesses: Schriftverkehr mit ausländischen Geschäftspartnern, gemeinsame Planung von Projekten, Verstehen von Formularen, Vorschriften, Bedienungsanleitungen sind ständige Anforderungen an die fremdsprachliche Kompetenz und liefern die für Lernprozesse erforderlichen konkreten Handlungsvorlagen.
Berufliches Handeln und fremdsprachliches Handeln sind unlösbar miteinander verbunden. Ziel des fremdsprachlichen Lernens im berufsbezogenen Unterricht ist die berufliche Handlungsfähigkeit in der Fremdsprache. Im handlungsorientierten Fremdsprachenunterricht steht die Entwicklung von

Fertigkeiten und Strategien zur Realisierung dieser sprachlichen Handlungen im Vordergrund. Reale Kontakte, Briefpartnerschaften, Begegnungen, Betriebserkundungen, Expertenbefragungen sind Bestandteil des beruflichen Fremdsprachenunterrichts.

⇒ **Projektorientiert**
Um zu verhindern, dass handlungsorientierter Unterricht zu einer Reihung unverbindlicher Aktivitäten verkommt, sollten die Handlungen in einen größeren Kontext eingebunden werden: in Projekte. Projektarbeit ist eine der zentralen Methoden des handlungsorientierten Unterrichts. Im berufsbezogenen Fremdsprachenunterricht sollten länderübergreifende Unterrichtsprojekte (Austausch, E-Mail) fester, integrierter Bestandteil des Sprachunterrichts sein. Sie sind die beste Vorbereitung der Lernenden auf ein Leben im Informationszeitalter und Voraussetzung für interkulturelles, autonomes Lernen. Für Lernende im Ausland sind sie oft die einzige Gelegenheit, in der Zielsprache wirklich zu kommunizieren. Ein konkretes gemeinsames Ziel erlaubt es, Sprache in kommunikativer Form zu verwenden, Neues und Fremdes zu entdecken und die Einheit von Sprache und Handeln konkret zu erfahren. Der größte Gewinn für die Lernenden besteht in der Erfahrung, dass sie mit fremdsprachlichen Kenntnissen, und seien diese noch so rudimentär, selbstgestellte Aufträge erfüllen können, ohne auf den Lehrenden angewiesen zu sein.

⇒ **Kooperativ**
Im berufsbezogenen fremdsprachlichen Projektunterricht ergeben sich bei den konkreten Tätigkeiten eine Vielzahl von unterschiedlichen Aufgaben, die nur in gemeinsamer Zusammenarbeit aller Beteiligten gelöst werden können. Interdisziplinarität ist in der Projektarbeit eine Selbstverständlichkeit. Die Situationen, die bewältigt werden und in denen gehandelt werden muss, um Probleme zu lösen, enthalten nicht nur fremdsprachliche, sondern auch fachliche Inhalte und Aufgaben. Die Kooperation mit Fachkollegen, Experten aus dem eigenen und dem Zielsprachenland ist bei grenzüberschreitenden Projekten unabdingbar.

Zur Entstehung dieses Buches

Die Texte des vorliegenden Bandes entstanden im Rahmen des Projektes „Handlungsorientiertes Ausbildungsprogramm für DaF im Beruf auf Fachschulniveau“, das mit Partnern aus Deutschland, Frankreich, den Niederlanden, Polen und Tschechien ausgeführt und vom Leonardo-Programm der Europäischen Kommission unterstützt wurde.

Der vorliegende Band konzentriert sich auf den 2. Teil der Projektdokumentation 'Trainingsprogramm für Lehrende in einem handlungsorientierten Unterricht'. Er enthält die Darstellung des didaktischen Konzepts, handlungs- und berufsorientierter Unterricht'. In modularer Form werden die Umsetzung zentraler handlungsorientierter Methoden sowie der Einsatz von Informationstechnologie beim Lernen von Fremdsprachen beschrieben. Das Material dient als Grundlage für die Aus- und Fortbildung (Qualifizierung) von Lehrenden und als Selbstlernmaterial. Die modularisierte Form der Abschnitte gewährleistet eine flexible Einsetzbarkeit.

Alle Partner dieses Projektes sind im Anhang dieses Buches aufgeführt. Das vollständige Material dieses Projekts ist im Internet unter der Adresse ecd-let.uu.nl/leonardo oder goethe.de/be/ams/deindex.htm zu finden.

Amsterdam und Utrecht, im Mai 2003

Zur Einführung in das Ausbildungskonzept

Qualifizierung von Lehrenden für einen handlungsorientierten Unterricht an beruflichen Schulen

Gesellschaftliche Änderungen und deren Einfluss auf die Schule

Die Dynamik der technischen Entwicklung, die Verbreitung der Informations- und Multimediatechnologien sowie die Globalisierung der Wirtschaft stellen neue Anforderungen an das Schulwesen. Dies gilt insbesondere für berufliche Schulen, da deren Ausbildungsqualität eine wichtige Grundlage für die wirtschaftliche Leistungsfähigkeit eines Landes darstellt und somit einer der bestimmenden Standortfaktoren ist.

Folgende Trends lassen sich erkennen:

- *Wandel auf den Absatzmärkten* (durch internationale Konkurrenz, Globalisierung der Märkte, Wissensexport statt Warenexport, qualitatives Wachstum und andere Faktoren);
- *Technologischer Wandel* (durch Automatisierung, kurze Entwicklungszeiten, sinkende Produktlebenszyklen, neue Technologien);
- *Arbeitswandel* (durch neue Formen der Arbeitsorganisation mit flexiblen Produktionseinheiten, Gruppenarbeit, Transparenz der betrieblichen Abläufe, auf Kurzfristigkeit und Elastizität ausgerichtete Arbeitsplätze);
- *Wertewandel* (durch den Wunsch der Arbeitnehmer nach einer interessanten, abwechslungsreichen Tätigkeit mit Kontakt zu anderen Menschen, stärkere Freizeitorientierung).

Qualifikationsanforderungen für eine berufliche Handlungsfähigkeit

Damit die Schulen mit diesen Entwicklungen Schritt halten können, müssen die Lehrenden entsprechend ausgebildet werden, um Zukunftsqualifikationen zur beruflichen Handlungsfähigkeit im Unterricht vermitteln zu können. Sie müssen daher nicht nur in der Lage sein, solides Fachwissen, sondern auch übergreifende Qualifikationen zu vermitteln sowie die Persönlichkeit des Lernenden zu fördern.

Deshalb gehören folgende übergreifenden Qualifikationen zu den Zielsetzungen des Unterrichts:

- Prozessabläufe erkennen und erfassen
- planerisches Denken und Handeln
- Problemerkennung und Problemlösung
- Entwicklung von Kreativität zur Wahrnehmung von Gestaltungschancen
- berufliche Souveränität und Autonomie
- Selbstorganisation und -steuerung im Umgang mit vernetzten und komplexen Situationen
- Team- und Gruppenorientierung
- Kommunikationsfähigkeit

Vieles von dem, was heute an Bildung zu vermitteln ist, ist deshalb nur noch erreichbar, wenn zwei Dinge beachtet werden:

- Bildung muss zuerst vom Fach ausgehen. Die Grundlagen müssen in dem jeweiligen Fach gelegt werden, sei es im allgemeinen oder berufsbezogen.
- Fächerübergreifende und fächerverbindende Ansätze, Denk- und Arbeitsweisen müssen in der Schule stärker gefördert werden.

Bei der Umsetzung dieser neuen Qualifikationen in den Unterricht kommt den Lehrenden eine besondere Rolle zu. Ihre Aufgabe ist es, den Unterricht so zu gestalten, dass die Schüler den hohen Anforderungen und Standards künftig gerecht werden. Es steht deshalb nicht nur die inhaltliche Dimension im Vordergrund, sondern verstärkt auch die methodisch-didaktische Umsetzung der Inhalte gemäß den vorher angesprochenen Qualifikationen.

Verstärkt wird diese Tatsache noch dadurch, dass Wissen ein sehr kurzlebiges Kapital ist, das ständig erneuert und erweitert werden muss. Während man davon ausgeht, dass für das **Hochschulwissen** eine Halbwertzeit von **zehn** Jahren und für das **berufliche Fachwissen** von **fünf** Jahren besteht, ist **Technologiewissen** bereits in **drei** Jahren, **EDV**-Wissen sogar in **einem** Jahr nicht mehr auf dem aktuellen Stand. Diese Zyklen werden immer kürzer.

Je kurzlebiger aber das Wissen ist, desto mehr Gewicht muss im Unterricht darauf gelegt werden, dass Lernende über Qualifikationen verfügen, die lebenslanges Lernen ermöglichen.

Zielsetzung eines modernen Unterrichts ist es, eine Berufsfähigkeit zu vermitteln, die Fachkompetenz mit allgemeinen Fähigkeiten humaner und sozialer Art zu beruflicher Handlungskompetenz verbindet. Durch Vermittlung von übergreifenden Qualifikationen sollen die Lernenden in die Lage versetzt werden, sich auf die schnell ändernden Lebens- und Arbeitsbedingungen einzustellen. Eine breite Berufsfähigkeit umfasst nicht nur allgemeine und vertiefende

Kenntnisse und Fertigkeiten, sondern auch Selbständigkeit im Denken, im Umgang mit Informationen bei der Organisation und Durchführung einer Arbeitsaufgabe. Die Kenntnis unterschiedlicher Lern- und Arbeitstechniken und die Bereitschaft, diese einzusetzen, befähigen zum lebenslangen Lernen. Deshalb wird den Schlüsselqualifikationen Flexibilität, Leistungsbereitschaft, Kreativität, Kommunikation und Kooperationsfähigkeit ein sehr hoher Stellenwert eingeräumt.

Für die Schule erwächst daher die Notwendigkeit, Unterricht so realitätsnah wie möglich als handlungsorientierten Lernprozess zu organisieren.

Merkmale handlungsorientierten Unterrichts

Kaum ein Begriff ist im Bildungswesen jemals so missverstanden worden wie "Handlungsorientierung". Handlungsorientiert heißt nichts anderes als Orientierung im Handeln. Der Schüler soll nicht passiver Empfänger von Informationen sein, sondern an Handlungen mitwirken. Er soll aktiv handelnd lernen.

Hoffmann/Langefeld (1998) heben hervor, dass die Handlungsorientierung Wahrnehmen, Denken und Handeln verknüpft und somit ein Wechselspiel zwischen praktischem Tun bzw. konkreten Erfahrungen und kritischer/systematischer Reflexion ermöglicht.

Jank/Meyer definieren: "Handlungsorientierter Unterricht ist ein ganzheitlicher und schüleraktiver Unterricht, in dem die zwischen dem Lehrer und Schüler vereinbarten Handlungsprodukte die Organisation des Unterrichts leiten, so dass Kopf- und Handarbeit der Schüler in ein ausgewogenes Verhältnis zueinander gebracht werden können" (1996: 354).

Gudjons verbindet mit dem Begriff 'handlungsorientierter Unterricht' ein Unterrichtskonzept, das den Schülern einen handelnden Umgang mit den Lerngegenständen und -inhalten des Unterrichts ermöglichen soll.

Handlungsorientierter Unterricht sollte daher folgende Merkmale aufweisen:

⇒ **Schüleraktive Unterrichtsorganisation**

Die Unterrichtsorganisation ist so auszurichten, dass die Lernenden befähigt werden, sich selbständig Wissen anzueignen, Probleme zu lösen, Entscheidungssituationen zu bewältigen und die Umsetzung von Entscheidungen in Handlungen zu erproben.

⇒ **Planung, Erarbeitung und Auswertung des Unterrichts unter Einbezug der Lernenden**

Dies bedingt ein Unterrichtsarrangement, welches dem Selbstlernen und der Selbstorganisation des Lernprozesses – wo immer möglich und sinnvoll – Vorrang einräumt. Die Aufgabe von Lehrenden ist es, Aktivitäten einzubringen, die den Lernprozess anregen und die Lernumwelt strukturieren.

⇒ **Ganzheitlichkeit**

Die Inhalte werden in ihren Bezügen zu anderen Lernbereichen bearbeitet. Damit wird den Schülern der Zusammenhang von Themengebieten deutlich, die sonst isoliert nebeneinander stehen.
Projektunterricht, Fallstudien, Planspiele, Rollen- und Szenenspiele – überwiegend in Partner- oder Gruppenarbeit – verstärken die Problemorientierung und fördern die Sozialkompetenz.

⇒ **Erarbeitung von Handlungsergebnissen**

Diese reichen von vorzeigbaren Gegenständen (z.B. von Dokumentationsprodukten bei Projekten) über Aktionen und Vorführungsprodukten (z.B. beim Rollen- und Szenenspiel) zu Rückmeldungen aus Spielsituationen (z. B. bei Fallstudien und Planspielen).

⇒ **Öffnung der Schule**

Ausweitung fächerverbindenden Unterrichts und Ganzheitlichkeit des Unterrichts fördern die Zusammenarbeit von Lernenden und Lehrenden, aber auch die kooperative Planung im Lehrerteam. Handlungsorientierter Unterricht öffnet die Möglichkeiten zur Förderung individueller Lernwege entsprechend den Voraussetzungen der Lernenden und lässt die Anpassung von Arbeitsaufträgen an unterschiedliche Lerngruppen zu. Zugleich öffnet sich die Schule nach außen, indem Schüler erkunden können, welche Informationen oder Materialien hilfreich sind (vgl. dazu Handlungsorientierte Themenbearbeitung HOT, Landesinstitut für Erziehung und Unterricht, Stuttgart 1996).

Vermittlung handlungsorientierter Unterrichtsmethoden in der Lehrerfortbildung

Wer eigenständiges Denken und Handeln fördern will, statt fertige Lösungen vorzugeben, wer Mitverantwortung, Kreativität, Selbstorganisation und Teamfähigkeit herausbilden und unterstützen will, darf sich nicht allein bzw. zuerst auf die Didaktik konzentrieren, sondern muss der Methodik und dort vor allem den Aktions- und Sozialformen des Lehr-Lern-Prozesses einen gleichwertigen Rang im Sinne eines Implikationszusammenhangs einräumen. Erst ein Gleichgewicht zwischen Fach-, Methoden- und Sozialkompetenz lässt einen mündigen, handlungsfähigen Bürger erwarten, der sich kritisch und selbstorganisiert neue Kenntnisse und Fertigkeiten aneignet und sich damit neuen, veränderten Anforderungen der Wirtschafts- und Arbeitswelt stellt.

Für die Entwicklung von Unterrichtsentwürfen und Lehrveranstaltungen bedeutet dies, dass neben dem fachlichen Input auch die methodisch-didaktische Umsetzung im Sinne der vorgestellten Handlungsorientierung zu leisten ist. Statt linearer Planung ist eine vernetzte Planung anzustreben, die die wechselseitige Abhängigkeit der Planungselemente berücksichtigt und dem Implikationszusammenhang von Methodik und Didaktik gerecht wird.

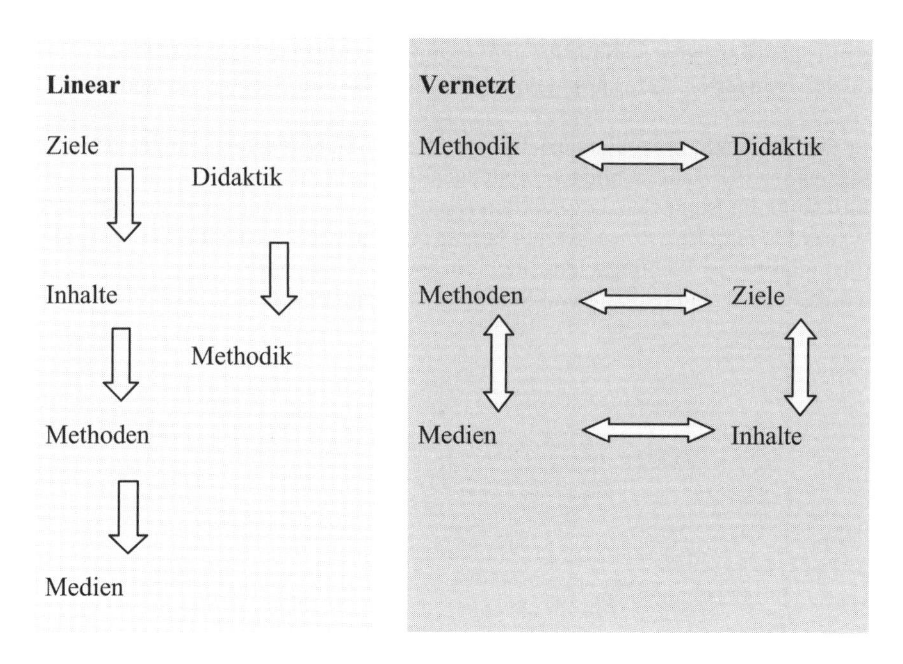

Fortbildungskonzept handlungsorientierte Unterrichtsmethoden

Ein Fortbildungskonzept zur Qualifizierung von Lehrenden, in dem wichtige handlungsorientierte Methoden trainiert werden, die mit Inhalten und Medien zu sinnvollen Lehr- und Lernarrangements verknüpft werden, sollte folgende Inhalte enthalten:

- Notwendigkeit "neuer" handlungsorientierter Unterrichtsmethoden
- Überblick über die Vielzahl der Methoden
- Kennen lernen und trainieren ausgewählter Methoden
- Reflexion über die Einsatzmöglichkeiten der Methoden
- Hilfestellung bei der Umsetzung in ein schulisches Fortbildungskonzept
- Führen / Leiten von Gruppen
- Sensibilisierung für Prozesse
- Sensibilisierung für Teamfähigkeit

Die so qualifizierten Lehrenden können als Multiplikatoren diese Unterrichtsmethoden in schulinternen Fortbildungen an ihr Kollegium weitergeben. An den Schulen entsteht so ein eigenes "Kompetenzzentrum" für Unterrichtsmethoden.

Ziele, Inhalte und Aufbau des Trainingsprogramms

Die vorliegenden Materialien sind das Ergebnis einer Zusammenarbeit von Schülern, Fach- und Fremdsprachenlehrern, Experten aus der Wirtschaft sowie aus der Lehrerfortbildung aus fünf europäischen Ländern im Rahmen des Leonardo-Projekts 'Handlungsorientiertes Ausbildungsprogramm für DaF im Beruf auf Fachschulniveau'.
Die Inhalte basieren auf den Erfahrungen und Ergebnissen, die im Rahmen dieses Projekts bei der praktischen Durchführung der Unterrichtsprojekte und bei Trainingsphasen erarbeitet wurden.

Für wen ist dieses Programm gedacht?

Das Handbuch richtet sich an Aus- und Fortbilder von DaF- Lehrern im Bereich Berufs- und Fachsprache wie auch an Lehrende, die sich auf neue Möglichkeiten, einen fremdsprachlichen und fachbezogenen Unterricht anders zu sehen, einlassen und sich darin üben wollen.

Wozu dient dieses Programm?

Dieses Handbuch ist für die praktische Arbeit geschrieben. Es soll Lehrende im berufsbezogenen Fremdsprachenunterricht dazu anregen,

- sich mit berufsbezogenen handlungsorientierten Konzepten und – Methoden in der Theorie bekannt zu machen,
- sich mit der Umsetzung in die eigene Praxis auseinander zu setzen,
- diese neuen Möglichkeiten in der eigenen Praxis zu erproben und zu reflektieren.

Was enthält dieses Programm?

Das vorliegende Trainingsprogramm enthält in modularer Form (Bausteine) Materialien für eine handlungsorientierte Lehrerfortbildung. Dies soll eine flexible Einsetzbarkeit gewährleisten.
In den einzelnen Abschnitten werden das didaktische Konzept der Handlungsorientierung dargestellt, die zentralen handlungsorientierten Methoden beschrieben und an Beispielen konkretisiert sowie Möglichkeiten des interkulturellen Lernens in länderübergreifenden Projekten aufgezeigt.
Wie eine handlungsorientierte Lehrerfortbildung aussehen kann, wird anhand eines Modells vorgestellt.

Da Lehrerfortbildung nach den Bedürfnissen und dem Potenzial der jeweiligen Zielgruppe geplant und durchgeführt werden sollte, gibt es hier keine Szenarien in Form detaillierter Ablaufpläne einzelner Veranstaltungen, wohl aber variabel einsetzbares Material, das je nach Zielgruppe angepasst und neu zusammengestellt werden kann, sowie Anregungen zur selbständigen Entwicklung von handlungs- und berufsorientierten Lernsituationen mit Einsatz moderner Informations- und Kommunikationstechnologien.

Wie sind die einzelnen Abschnitte aufgebaut?
Jeder Abschnitt enthält einen theoretischen Teil mit Definitionen und der Beschreibung wesentlicher Merkmale der Konzepte und Methoden.
Die Auswirkungen, Chancen und Grenzen der Konzepte und Methoden bei der Umsetzung in die Praxis werden aufgezeigt und anhand von Fragen aus der Praxis reflektiert.
An konkreten Beispielen werden Möglichkeiten für den Einsatz in der eigenen Praxis aufgezeigt.
Im Anhang eines jeden Abschnitts befinden sich Zitate, Thesen und Kopiervorlagen.

Theoretischer Rahmen (Was bedeutet das?)	Gründe, Definitionen, Konzepte, Merkmale
Leitfragen für die Umsetzungin die eigene Praxis (Was bedeutet das für die eigene Praxis?)	Auswirkungen, Chancen und Grenzen Stolpersteine und Lösungen
Anregungen und Beispiele für die Praxis (Wie geht das?)	Entscheidungshilfen für die Durchführung Konkrete Beispiele
Anhang	

Baustein 1

‚Handlungsorientierter Unterricht': Didaktisches Konzept

Ziele und Inhalt des Bausteins

Wir suchen nach Möglichkeiten, den Fremdsprachenunterricht in der beruflichen Bildung für Lehrende und Lernende sinnvoller zu machen, um die Lernenden so kreativer und effizienter auf das Ziel: 'Fremdsprachliche Handlungsfähigkeit im Beruf' vorzubereiten.
Das didaktische Konzept 'Handlungsorientierter Unterricht' wird vorgestellt. Wir nennen Gründe für den Einsatz dieses Konzepts, beschreiben seine Merkmale und erläutern die Konsequenzen, die handlungsorientierter Unterricht in der Praxis hat. Es werden Anregungen und Beispiele für eine Umsetzung in die eigene Praxis gegeben.

Aufbau des Bausteins

Theoretischer Rahmen
Konzept: ‚Handlungsorientierter Unterricht': Was versteht man darunter?
Gründe, Definition, Merkmale

Umsetzung in die Praxis
Welche Konsequenzen ergeben sich für die Umsetzung dieses Konzepts in die eigene Praxis?
Konsequenzen, Chancen und Grenzen

Anregungen und Beispiele für die Praxis
Handlungsorientierter Fremdsprachenunterricht: Wie geht das in der Praxis?
Fragen und Antworten aus der Praxis - für die Praxis.
Beispiele

Anhang
Zusatzmaterial

'Handlungsorientierter Unterricht': Was versteht man darunter?
Gründe, Definition, Merkmale

Gründe

Wir spüren oder wissen es: Der herkömmliche, stark lehrer- und lehrbuchgesteuerte, Wissen vermittelnde Unterricht nach dem Motto: 'Wenn alles schweigt und einer spricht, so etwas nennt man Unterricht' entspricht nicht mehr den heutigen Denk- und Verhaltensweisen und den Anforderungen und Zielsetzungen in einem zeitgemäßen berufsbezogenen Fremdsprachenunterricht. Warum? Was ist geschehen?

Die Lernenden und Lehrenden ändern sich

Die heutigen Lernenden kommen aus kleineren Familien, wachsen in einer multikulturellen und multimedialen Welt auf, in der sich Werte und Normen gewandelt haben. Das macht die Jugendlichen verwöhnter, individualistischer, hedonistischer, schneller gelangweilt, aber auch unsicherer. Auf der anderen Seite sind sie selbstbewusster und anspruchsvoller geworden.
Diese Jugendlichen wollen nicht mehr passive Empfänger von Instruktionen und Unterweisungen sein. Sie erwarten einen lebendigen Unterricht, in dem sie sinnvolle Verbindungen zu ihrem zukünftigen Berufsleben finden.

Die beruflichen Zukunftsperspektiven ändern sich

Niemand kann heute noch davon ausgehen, dass er den erlernten Beruf gleichermaßen bis zur Pensionierung ausüben wird. Neue technologische und politische Entwicklungen, die Herausbildung der Informationsgesellschaft und die Globalisierung der Wirtschaft führen zu ständigen Änderungen im Berufsprofil. Einmal gelerntes fachliches und berufliches Wissen reicht nicht mehr aus. Um mit den Veränderungen Schritt halten zu können, müssen wir die Lernenden darauf vorbereiten, ihr Leben lang um- und neu lernen zu können. Dazu müssen wir ihnen dabei helfen, das Lernen zu lernen. Nur so werden sie auf die Informationsgesellschaft vorbereitet und in der Lage sein, schnell und flexibel auf immer neue Änderungen zu reagieren, sich selbständig neue Informationen zu beschaffen und diese zu verarbeiten.

Die Zielsetzungen und Inhalte ändern sich

Das Ziel der beruflichen Bildung ist heute unumstritten die berufliche Handlungsfähigkeit.

"Berufliche Handlungsfähigkeit" heißt: *"Permanent einen Beruf qualifiziert ausüben und sich dabei auf veränderte Situationen einstellen können"* (vgl. Mercedes-Benz, Seminarunterlagen).

Zu dieser beruflichen Handlungsfähigkeit gehören im Europa der offenen Grenzen auch die Kenntnisse mindestens einer Fremdsprache. Ziel des berufsbezogenen Fremdsprachenunterrichts ist das Entwickeln der beruflichen Handlungsfähigkeit in der Fremdsprache.

Um in der Lage zu sein, immer wieder neu zu lernen, braucht man bestimmte **Qualifikationen** und **Kompetenzen.**

Qualifikationen stehen nicht in einem unmittelbaren Bezug zu bestimmten praktischen Tätigkeiten, sondern sind übergeordnete Haltungen und Einstellungen (vgl. Ott 1997) wie z.B. Selbständigkeit, Übernehmen von Verantwortung, problemlösendes Denken, Kreativität, Kommunikations- und Kooperationsfähigkeit. (Bei Umfragen in Unternehmen nach den erwarteten/gewünschten Haltungen und Einstellungen ihrer zukünftigen Mitarbeiter werden zahlreiche andere Qualifikationen genannt. Die hier aufgeführten werden jedoch immer genannt.)
Der Erwerb solcher Qualifikationen ist die Voraussetzung für die Entwicklung von Kompetenzen.

Kompetenzen sind Fähigkeiten und Fertigkeiten, die in einem direkteren Bezug zu bestimmten praktischen Tätigkeiten stehen. Dazu gehören die Fachkompetenz, die Methodenkompetenz und die Sozialkompetenz. (In der Literatur findet man weitere Kompetenzen, u.a. Personal-, Human-, Medienkompetenz.)

Fachkompetenz

Wer seinen Beruf qualifiziert ausüben will, braucht grundlegendes Allgemeinwissen (Muttersprache, Rechnen, Wirtschaft, Kultur und Politik, Fremdsprachen) und ein solides Fachwissen – also **fachliche Kompetenzen**. Für den berufsbezogenen Fremdsprachenunterricht bedeutet das u.a. einen berufsbezogenen Wortschatz, Kenntnisse der Kultur (im weitesten Sinne) des Landes, in der die Zielsprache gesprochen wird (siehe Baustein 4: 'Internationalisierung und interkulturelles Lernen').

Methodenkompetenz

Wer sich immer wieder neue Informationen und Kenntnisse aneignen muss, braucht dafür Strategien, Lern- und Arbeitstechniken und Methoden, - also **methodische Kompetenzen.**
Im berufsbezogenen Fremdsprachenunterricht gehören dazu u.a. (Vgl. Bimmel, Rampillon 2000):

- kompensatorische Strategien, wenn die Sprachkenntnisse nicht ausreichen;
- Umgang mit Hilfsmitteln z.B. Wörterbücher, Grammatiken, Internet;
- markieren, sich Notizen machen, eine Gliederung machen, analysieren, eine Regel anwenden;
- Wissen um den eigenen Fortschritt in der Fremdsprache.

Sozialkompetenz

Wer mit Anderen im Team Arbeiten planen, durchführen und kontrollieren muss, muss kommunizieren und kooperieren können, Verständnis für andere Kulturen entwickeln, sich in Andere hineinversetzen können, (siehe Baustein 4: 'Internationalisierung und interkulturelles Lernen'*)*; er muss also **soziale Kompetenzen** besitzen.

Qualifikations- und Kompetenzstruktur der beruflichen Handlungsfähigkeit (nach Ott 1997: 189)

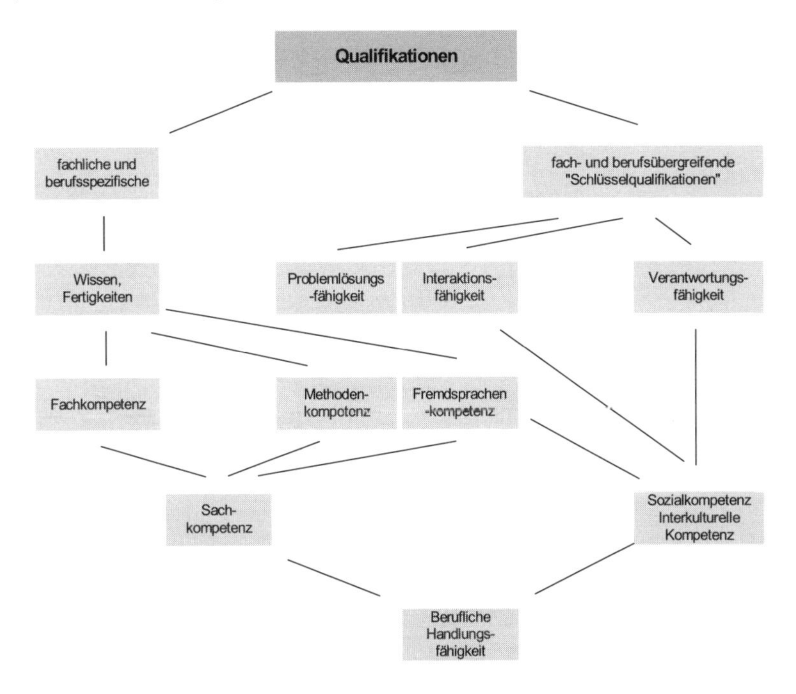

Auf der Grundlage dieser Qualifikationen und Kompetenzen baut man berufliche Handlungskompetenz auf.
Das bedeutet, dass der **Erwerb von Qualifikationen** und die **Entwicklung von Kompetenzen** zum Gegenstand des Unterrichts – auch des Fremdsprachenunterrichts! -geworden sind. Denn ein Fremdsprachenunterricht, der diese Änderungen nicht zur Kenntnis nimmt, verliert schnell seine Legitimation in der beruflichen Bildung.

In der folgenden Tabelle sind die Einzelkompetenzen für den Fremdsprachenunterricht aufgeführt (Christ 2000: 9/10).

Fach-, Methoden-, Sozialkompetenzen im Fremdsprachenunterricht

Lernziel Handlungskompetenz im handlungsorientierten Unterricht *(hier wird von der Zielsprache Englisch ausgegangen)*		
Fachkompetenz	**Methodenkompetenz**	**Sozialkompetenz**
Definitionswortschatz ca. 2500 Wörter	Nachschlagen in ein- und zweisprachigen Wörterbüchern	Fehlertoleranz bei der muttersprachlichen Interaktion mit ausländischen Gesprächspartnern
Berufsbezogener Wortschatz	Informationssuche in Enzyklopädien, Internet etc.	Hinhören und Bereitschaft zur Nachfrage bei der Interaktion mit Geschäftspartnern in der Zielsprache
Grundstrukturen der Fremdsprache	Transfer zwischen Mutter- und Zielsprache (Meditation)	Sensibilität für kulturspezifische Begriffe und Ausdrucksweisen
Phrasen und Redewendungen für Alltagsgespräche und berufliche Fachgespräche	Mündliche und schriftliche Präsentation von Produkten und Dienstleistungen	Beachtung der Körpersprache bei der Interaktion mit Gesprächspartnern
Textbausteine für die schriftliche Kommunikation	Korrespondenz nach den Gepflogenheiten der Zielsprache und -kultur verfassen	Rücksichtnahme auf kulturspezifische Kommunikationsfor men
Lautrichtige Aussprache und Standardformen der Intonation	Telefongespräche vorbereiten, führen und nachbereiten	Bemühung um die Verwendung von standardisierter Sprache bei der Kommunikation

Die Lehr- und Lernkonzepte und Lernformen müssen sich ändern: "Handlungsorientierter Unterricht" als Perspektive

Um uns dem Ziel 'Entwicklung der beruflichen Handlungsfähigkeit' in unserem Unterricht zu nähern, brauchen wir dafür geeignete Lehr- und Lernkonzepte. Dabei bietet sich das Konzept 'Handlungsorientierter Unterricht' als Perspektive an.
Warum?

Handlungsorientierter Unterricht: Definition und Merkmale

Handlungsorientierter Unterricht greift auf philosophische und pädagogische Traditionen und lernpsychologische Erkenntnisse zurück, bei denen von folgendem Ausgangspunkt ausgegangen wird:
Lernen ist ein aktiver, eigenverantwortlicher und ganzheitlicher Prozess, bei dem sich die Lernenden die Welt durch gemeinsames praktisches Handeln und Erfahren aneignen.

Definition
"Handlungsorientierter Unterricht ist ein ganzheitlicher und schüleraktiver Unterricht, in dem die zwischen dem Lehrer und den Schülern vereinbarten Handlungsprodukte die Organisation des Unterrichtsprozesses leiten, so dass Kopf- und Handarbeit der Schüler in ein ausgewogenes Verhältnis gebracht werden" (Jank/Meyer 1994: 354).

In dieser kompakten Definition findet man fast alle Merkmale, die einen handlungsorientierten Unterricht kennzeichnen.
(Die folgenden Merkmale gelten auch für Konzepte und Begriffe wie z.B.: 'EVA' (Eigenverantwortliches Lernen) und 'Das Haus des Lernens' (vgl. Klippert 1999), 'konstruktivistisches Lernen', 'PBL‘ (Problemgesteuertes Lernen), 'LdL‘ (Lernen durch Lehren), Projektunterricht'.)

Merkmale

Handlungsorientierter Unterricht ist:

⇒ **Ganzheitlich**
Das heißt auf der *persönlichen Ebene*: Die Gesamtpersönlichkeit des Lernenden wird angesprochen. Das Lernen geschieht mit Kopf, Herz, Hand und allen Sinnen, es hat also kognitive, emotionale und praktische Dimensionen. Tun und

Denken werden miteinander verknüpft. Gerade Berufsschüler sind oft eher auf das Tun gerichtete, praktisch-anschauliche Lernertypen.
Das heißt auf der *inhaltlichen Ebene*: Die Unterrichtsinhalte werden nicht durch eine eindimensionale Fachsystematik bestimmt - im Fremdsprachenunterricht also z.B. durch die grammatische Progression -, sondern durch Bearbeitung eines Themas aus der komplexen (Berufs-) Wirklichkeit. Dabei werden Inhalte und Fächer, die sonst eher isoliert voneinander bearbeitet werden, in einen sinnvollen Zusammenhang gebracht. Das fördert die Interaktion und Kooperation zwischen Schülern, Lehrern und Experten. Die Schule öffnet sich nach innen und nach außen.

⇒ **schüleraktiv und schülerorientiert**
Der Unterricht knüpft an Erfahrungen und Interessen der Lernenden an, bezieht sie bei der Planung, Erarbeitung und Auswertung des Unterrichts ein und befähigt sie, sich selbständig Wissen anzueignen, Probleme zu lösen, Entscheidungen zu treffen und in Handlungen zu erproben.

⇒ **Produktorientiert**
Im Mittelpunkt des Unterrichts steht ein verwertbares Ergebnis, ein Handlungsprodukt, das im Konsens mit dem Lehrer und der Gruppe vereinbart und von der ganzen Gruppe getragen wird. Dieses Produkt hat einen Gebrauchswert, es wird anderen vorgestellt, ausgewertet und reflektiert.

⇒ **Prozessorientiert**
Das gemeinsame Tun steht im Vordergrund des Lernprozesses. Die Lernenden überlegen im Team, planen, erörtern, treffen Entscheidungen und erproben diese Entscheidungen in Handlungen ('Learning by doing'). Sie bauen so fachliche, methodische und soziale Kompetenzen auf, die sie später bei der Berufsausübung benötigen.

Aus der Definition und den Merkmalen geht hervor, dass die Schüler in einem handlungsorientierten Unterricht berufsbezogen arbeiten, Verantwortung übernehmen, selbständig arbeiten, miteinander kooperieren, ein Produkt planen und gestalten, Probleme lösen. All dies führt zu mehr Motivation, Kreativität, Selbständigkeit, Sachverstand, Methodenkompetenz und Sozialkompetenz.
Und das ist es doch, was ein berufsbezogener Unterricht leisten soll:
Er soll für Lehrer und Schüler motivierend sein und auf die Handlungsfähigkeit im späteren Beruf auf eine erkennbare und sinnvolle Weise vorbereiten.

Wenn es unser Ziel ist, dass die Lernenden

- motivierter, kreativer und selbständiger sind,
- sich berufsbezogene Kenntnisse und Wissen nachhaltiger erarbeiten,
- neben fachlichen auch methodische und soziale Kompetenzen entwickeln,

dann bietet sich handlungsorientierter Unterricht als ein Weg zum Ziel an, weil in einem handlungsorientierten Unterricht (wir folgen hier Ott und Klippert):

die Lernenden	**die Lehrenden**
Verantwortung übernehmen	den Lernenden etwas zutrauen
selbständig arbeiten	beraten
ihre Erfahrungen und Interessen mit einbringen können	Lernumwege zulassen
Zusammenhänge zu anderen Lernbereichen herstellen können	Fehler als einen positiven Faktor im Lernprozess sehen
einen Sinn in ihrem Tun, Zusammenhang mit zukünftigen Tätigkeiten sehen	vereinbarte Zielvorgaben durchführen von der Fachsystematik abweichen
mit allen Sinnen lernen können	mit Kollegen kooperieren
mit anderen kooperieren und kommunizieren	die zu erlernenden Kompetenzen zeigen
mit anderen Handlungen ausprobieren	
auf ein Ergebnis/Produkt hinarbeiten, das zu etwas zu gebrauchen ist	
aktiv sind	

Welche Konsequenzen ergeben sich für die Umsetzung dieses Konzepts in die eigene Praxis?
Konsequenzen, Chancen und Grenzen

Veränderungen bedeuten immer auch das Verlassen vertrauter Muster. Das führt zu Verunsicherungen und Widerständen. Wer pädagogische Konzepte und Methoden verändern will, verändert damit den gesamten Schulbetrieb. Darauf sollte man beim Erproben oder Einführen neuer Formen vorbereitet sein.

Handlungsorientierter Unterricht wirkt sich auf alle Bereiche des Unterrichts aus:

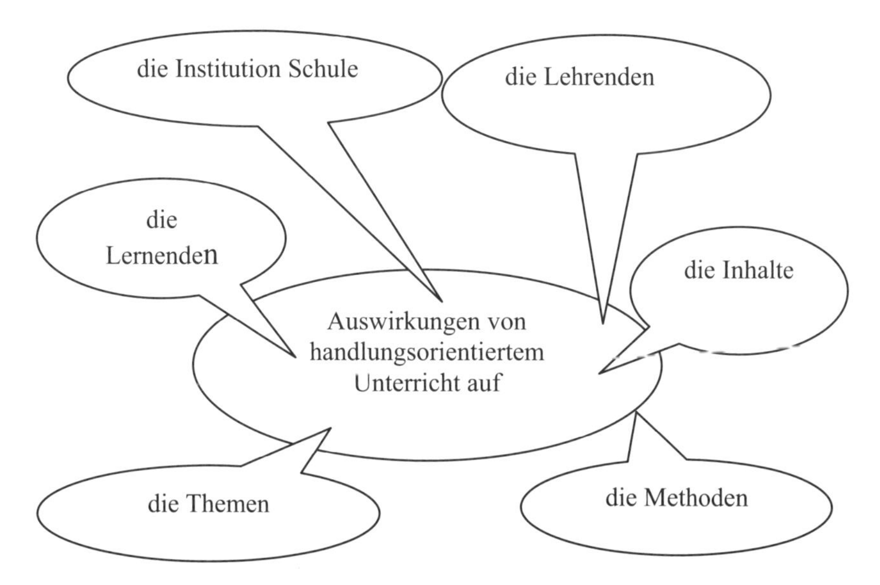

Ein konsequent praktizierter handlungsorientierter Unterricht bedeutet:

Die Schule öffnet sich nach *innen*:
Bei einem fächerübergreifenden, berufsbezogenen Fremdsprachunterricht müssen die Fremdsprachen- und Fachlehrer miteinander kooperieren. In einigen Projekten kann es auch sein, dass Schüler verschiedener Gruppen miteinander arbeiten. Beides bedeutet im wörtlichen wie auch im übertragenen Sinne: offene Klassenzimmer.
Für die Organisation bedeutet das:

- ❑ Es müssen Räume zur Verfügung stehen, in denen die Lernenden in kleinen Gruppen arbeiten können, in denen sie Zugang zu Multimedia-Computern mit Internetanschluss und anderen Hilfsmitteln zur Informationsbeschaffung haben.
- ❑ Der nach isolierten Fächern erstellte Stundenplan und die in 45-Minuten-Einheiten eingeteilten Unterrichtsstunden müssen aufgebrochen werden. Das Arbeiten in 'Lernfeldern' bietet sich dabei an. Das sind thematische Einheiten, die an beruflichen Aufgabenstellungen und Handlungsabläufen orientiert sind.

Die Schule öffnet sich nach *außen*:

- ❑ Berufsbezogener Fremdsprachunterricht soll auf die sprachliche Handlungsfähigkeit im Beruf vorbereiten. Aber welche fremdsprachlichen Kenntnisse und Fertigkeiten werden in dem Beruf von dem Lernenden konkret erwartet, welche sprachlichen Handlungen muss er verrichten? Um das zu erfahren, müssen sich die Lernenden und auch die Lehrenden in die Praxis begeben: *Experten befragen, Betriebe besuchen, Recherchen anstellen*. (siehe: Baustein 2: 'Handlungsorientierte Unterrichtsmethoden‘ und Dossier 'Betriebserkundung‘)
- ❑ Wer mit Geschäftspartnern aus einem anderen Land kommuniziert, muss über die Kultur dieses Landes (im weitesten Sinne) informiert sein. Die Kultur eines Landes lernt man am besten kennen, wenn man mit Personen Kontakte hat, die in diesem Land lernen, leben, arbeiten. *Schüleraustausch, Auslandspraktika* sind die durch nichts zu ersetzenden Wege zur Erreichung dieses Ziels. (siehe Baustein 4: 'Internationalisierung und Interkulturelles Lernen‘)

Die Öffnung der Schule nach innen und nach außen bringt Unruhe und Spannungen mit sich, an die sich Lernende, aber mehr noch Lehrende und oft auch Eltern gewöhnen müssen. Sie verlangt eine veränderte Organisationsstruktur, die mit Zeit- und Arbeitsaufwand verbunden ist und von allen Beteiligten eine große Flexibilität fordert.

Prüfungen und Leistungsbewertungen

Die Prüfungsaufgaben und Bewertung der Schülerleistungen müssen den prozessorientierten Charakter des handlungsorientierten Lernens berücksichtigen. Ein konsequent durchgeführter handlungsorientierter Unterricht erfordert andere Prüfungsaufgaben, nämliche solche, in denen der Kandidat zeigen kann, dass er die in seinem Beruf erwarteten Qualifikationen sowie die fachlichen, methodischen und sozialen Kompetenzen besitzt.
Neben den fachlichen müssen auch die methodischen und sozialen Kompetenzen bewertet werden. Dafür sind Kriterien zu entwickeln.

Solange handlungsorientierter Unterricht nicht in den Lehrplänen als leitendes Prinzip festgelegt ist, müssen wir, bevor wir unseren Unterricht auf Handlungsorientierung umstellen, immer wieder Aspekte wie curriculare Vorschriften, Prüfungen, Praktika, Zeitprobleme, Einstellung der Schulleitung, der Kollegen und der Eltern abwägen und eine Entscheidung treffen, die uns und den Bedingungen, unter denen wir arbeiten, gerecht werden. Die nicht gerade starke Position des Fremdsprachenlehrers innerhalb des Fachkollegiums macht die Entscheidung nicht leichter. Eine stärkere Zusammenarbeit mit den Fachkollegen kann dabei sehr förderlich sein.

Auswirkungen auf die Lehrenden

In einem handlungsorientierten Unterricht ändert sich die Rolle der Lehrenden. Sie werden von der Rolle des Wissensvermittlers weitgehend entlastet. Der Schwerpunkt der Arbeit liegt vielmehr in der fachlichen und methodischen Beratung und Unterstützung sowie in der Begleitung des selbständigen Lernens.

Die Hauptaufgabe der Lehrenden besteht darin, für die Lernenden

- berufsrelevante Handlungssituationen zu schaffen, in denen die Lernenden die Fremdsprache als authentisches Verständigungsmittel verwenden, im Team zu gemeinsamen Lösungen kommen und so berufsnahe Szenarien trainieren;
- Wege aufzuzeigen, wie die Lernenden Schwerpunkte setzen, Ziele erreichen und aus Möglichkeiten auswählen können.

Die Rolle des Lehrenden wird leichter, weil er nicht mehr der allseitig verantwortliche Entscheidungsträger und Initiativnehmer ist. Ein kooperatives Lehren und Lernen ist befriedigender und weniger erschöpfend als ein stark lehrergesteuerter Unterricht.
Die Rolle des Lehrenden wird aber auch schwieriger, weil sie komplexer wird. Der Fremdsprachenlehrer muss nicht mehr 'nur' die Sprache selbst vermitteln, sondern auch darüber informiert sein, in welchen Handlungssituationen die Zielsprache branchen- und kulturspezifisch angewendet wird. Darüber hinaus muss er Kompetenzen vermitteln, d.h. Strategien und Methoden, die den Lernenden das 'Lernen-lernen‘ transparent machen und ihnen so ein lebenslanges, autonomes Lernen ermöglichen.
Das alles geht nicht von heute auf morgen; es ist ein Prozess in kleinen Schritten, wobei der Lehrende langsam weniger steuert und immer mehr das selbständige Tun begleitet.
Das erfordert bei den Lehrenden Qualifikationen, die bei der Aus- und Fortbildung verstärkt berücksichtigt werden müssen (siehe Einführung in das Ausbildungskonzept: 'Qualifizierung der Lehrenden für einen handlungsorientierten Unterricht‘).

Die andere Rolle des Lehrenden

Der Lehrende ist

weniger	mehr
Wissensvermittler	Strategievermittler
Disziplinierer	Berater
Korrektor	Lernbegleiter
Alleiniger Entscheidungsträger	Organisator
	Koordinator
	Verantwortungsträger
	Moderator
	Initiativnehmer
	Partner, Mitlernender

Auswirkungen auf die Lernenden

Lernende, die noch keine oder nur geringe Erfahrungen mit handlungsorientiertem Unterricht haben, können anfänglich unsicher und hilflos sein. Es ist nicht leicht, Verantwortung für das eigene Lernen zu übernehmen und das eigene Lernen zu beobachten. Sie müssen in kleinen Schritten zu mehr Selbständigkeit und Eigenverantwortung hingeführt werden. In der Gestaltung, Überwachung und Auswertung ihres eigenen Lernprozesses brauchen sie am Anfang eine stärkere Steuerung.

Auf der anderen Seite kommen die Lernenden mit – wenn auch recht unterschiedlichen – Vorkenntnissen und Erfahrungen in den Unterricht. Sie haben auch Erwartungen und Vorstellungen von dem, wie Unterricht sinnvoll auf die berufliche Zukunft vorbereiten sollte.

Die Tatsache, dass handlungsorientierter Unterricht prozessorientiert ist und die Lernenden mit Kopf, Herz und Hand auf ein Handlungsprodukt hinarbeiten, bietet den Vorteil, dass die schwächeren Schüler in diesem Unterricht Talente zeigen können, die im herkömmlichen Unterricht selten oder nie zum Tragen kommen, geschweige denn zu Erfolgserlebnissen werden. Man denke dabei an das Gestalten von Plakaten, Umgang mit dem PC usw.

Auch das Lernen und Arbeiten in der Gruppe kann für einige ungewohnt sein. Kritik akzeptieren und üben, das eigene Verhalten und das Anderer beurteilen verlangt eine sorgfältige Begleitung.

Auswirkungen auf die Inhalte und Themen

Wenn die berufliche Handlungsfähigkeit in der Fremdsprache das Ziel des berufsbezogenen Fremdsprachenunterrichts ist, dann sind folgende Inhalte und Themen fester Bestandteil des Fremdsprachenunterrichts:

- das Trainieren von Sprachhandlungen, die sich an konkreten beruflichen Aufgabenstellungen und Handlungsabläufen orientieren. Diese ergeben sich z.B. aus den Befunden von Umfragen und Erkundungen in Betrieben (siehe Dossier 'Betriebserkundung‘), aus den jeweiligen Berufsbildern, den Lehrplänen sowie aus den Anforderungen von Zertifikatsprüfungen und Zusatzqualifikationen,
- das Verwenden der Fremdsprache als authentisches Verständigungsmittel,
- Kontakte zu Betrieben und Experten,
- Brief- bzw. E-Mail-Partnerschaften,
- Schüleraustausch,
- Stimulieren und Vorbereitung von Auslandspraktika,
- Vermitteln von Strategien.

Auswirkungen auf das Lehrmaterial

Für die Bearbeitung von thematischen Einheiten reicht das Lehrbuch oft nicht aus. Die Lehrenden müssen also selbst geeignetes Material finden und so aufbereiten, dass die Lernenden anhand dieses Materials angeregt und angeleitet werden, selbständig weiter zu recherchieren.
Handlungsorientierter Unterricht ist ein Unterricht, in dem ein hohes Maß an Anschaulichkeit angestrebt wird. Das bedeutet, dass alle sich bietenden Möglichkeiten der Veranschaulichung im Unterricht zu nutzen sind.
Folgende Anforderungen sind an das Material zu stellen, es muss berufsbezogen, aktuell, motivierend, anschaulich, weitgehend authentisch, lerner- und curriculumorientiert, modular angelegt sein.

'Begreifbares‘ Material wie z.B. Formulare, Belege, Abbildungen, Speisekarten, Rechnungen, Lieferscheine, Faxe etc. bieten dabei für den Fremdsprachenunterricht Möglichkeiten zur Veranschaulichung.

Für das Finden von Material ist das Internet eine unerschöpfliche Quelle. Darüber hinaus gibt es elektronische *tools*, mit denen Lehrende und Lernende leicht Übungen zu Texten erzeugen können.
Wenn die Lernenden gemeinsam authentische fremdsprachliche Materialien (aus dem Internet) bearbeiten, lernen sie neben der Fremdsprache zugleich auch fachliche und kulturspezifische Inhalte.

Doch eines darf man nicht vergessen: Handlungsorientierter Unterricht ist materialintensiv!

Auswirkungen auf die Methoden

Es gibt eine Vielfalt an handlungsorientierten Methoden. Oft werden verschiedene Methoden abhängig von den Zielsetzungen, der Zielgruppe, der Phase innerhalb eines Handlungsablaufs miteinander verknüpft oder gemischt. Außerdem sollte sich jeder Lehrende bei der Wahl fragen, ob diese Methode zu ihm selber passt.

Gemeinsam haben die Methoden das Folgende. Sie

- aktivieren und motivieren die Lernenden
- bieten die Möglichkeit, mit Kopf, Herz und Hand zu lernen
- regen zu Kommunikation und Kooperation an
- fördern selbständiges, eigenverantwortliches Arbeiten und problemlösendes Verhalten
- stimulieren das Erlernen von Lern- und Arbeitstechniken, das Entwickeln von Kompetenzen und das Erwerben von Qualifikationen

(In Baustein 2: 'Handlungsorientierte Unterrichtsmethoden' werden die für den fremdsprachlichen Unterricht relevanten Methoden ausführlich beschrieben.)

Was sind die Chancen und Grenzen von handlungsorientiertem Unterricht?

Ist der handlungsorientierte Unterricht wieder nur einfach eine der vielen Modeerscheinungen? Wir sind nicht dieser Ansicht. Wir werden darin durch die Tatsache bestätigt, dass dieser Ansatz als leitendes Prinzip in den Lehr- und Ausbildungsplänen in einigen Bundesländern – wie z.B. Baden-Württemberg - gilt. In anderen europäischen Ländern, z.B. in den Niederlanden, wird dieses Konzept in der Sekundarstufe verbindlich vorgeschrieben, an berufsbildenden Schulen zunehmend praktiziert und auf Fortbildungsveranstaltungen als innovative Form vorgestellt und proklamiert.

Aus den oben beschriebenen Auswirkungen ergeben sich die Vorteile, aber auch Stolpersteine und mögliche Hindernisse. Handlungsorientierter Unterricht ist in der Vorbereitung aufwendiger und in der Durchführung oft störungsanfälliger, aber er macht auch mehr Spaß und motiviert. Im Schulalltag wird es nicht immer gleich zur 'Reinform' kommen. Mit realistischen kleinen Schritten in die Richtung anzufangen, ist dabei entscheidend: Zum einen berücksichtigt man so die oft nicht stark vorhandene Willenskraft der Lernenden, zum anderen stärkt es das eigene positive Verhältnis zu dieser Art von Unterricht.

Gründe, die eine Einbettung von Fremdsprachen in die Struktur des handlungsorientierten Unterrichts erschweren können, sind:

- die geringe Stundenzahl;
- das heterogene fremdsprachliche Vorwissen der Lernenden;
- die geringe mündliche Sprachkompetenz in der Zielsprache mit der Folge, dass die Muttersprache bei der Gruppenarbeit verwendet wird;
- die noch kaum vorhandenen fachlichen Kenntnisse der Auszubildenden. Die Behandlung von Problemen eines Sachfaches in der Fremdsprache erfordert daher eine doppelte Anstrengung.

Trotz aller Hindernisse sollte die Einbettung, wo immer möglich, praktiziert werden, denn die strukturelle Integration der Fremdsprachen in den handlungsorientierten Unterricht unterstreicht die natürliche Einheit von Fremdsprache und Fach.

Müssen wir jetzt das Lehrbuch einpacken und den Klassenraum verlassen? Nein, traditionelle Formen des Fremdsprachenunterrichts werden für bestimmte Ziele weiterhin ihre Berechtigung behalten. Innovieren um des Innovierens willen sollte nicht das Prinzip sein. Lehrenden und Lernenden sollte klar sein:

"Es ist nicht damit getan, dass die Schüler durch die Klasse wuseln und am Stundenende glücklich und erschöpft sind. Es muss auch etwas Vernünftiges dabei herauskommen" (Jank/Meyer 1996: 353).

Handlungsorientierter Fremdsprachenunterricht: Wie geht das in der Praxis?
Fragen und Antworten aus der Praxis – für die Praxis
Beispiele

Frage 1
Wie wird die Fremdsprache in den Ablauf eines handlungsorientierten Unterrichts integriert?

Ein handlungsorientierter Unterricht verläuft im Allgemeinen in 3 Phasen (es gibt auch differenzierte Modelle, die aber im Prinzip alle auf diesem Dreiphasenmodell beruhen):

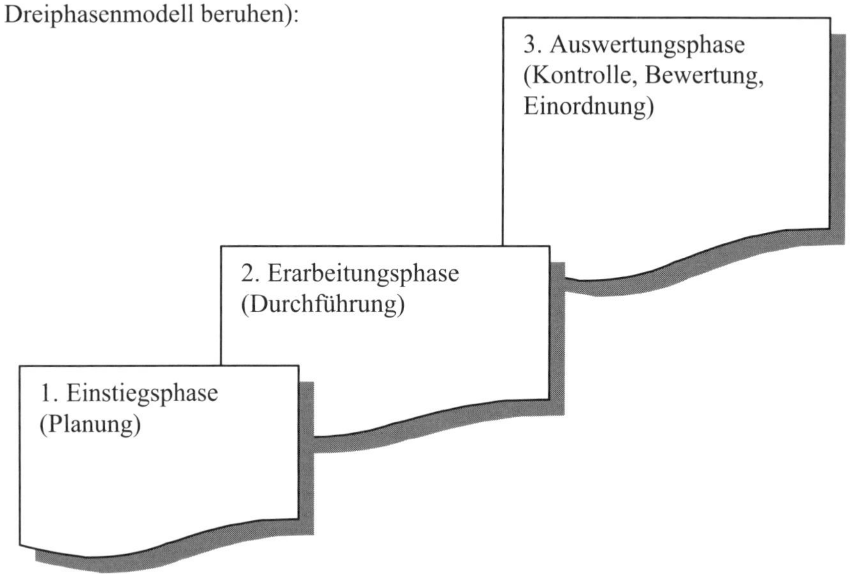

Was geschieht in den einzelnen Phasen? Was bedeutet das für den Fremdsprachenerwerb?

1. Einstiegsphase

Informieren – analysieren – Lösungen planen – entscheiden – Ziele formulieren

Hier werden die Lernenden mit dem Thema, einem Problem, einem Fall etc. konfrontiert. Gemeinsam mit dem Lehrer überlegen sie, welche Kenntnisse sie bereits haben und welche Kenntnisse, Fertigkeiten und Informationen sie zur

Bearbeitung oder Lösung noch benötigen. Sie planen eine Lösung und formulieren das Ziel.

Fremdsprache
Die Lernenden legen - gemeinsam mit den Lehrenden - auch die fremdsprachlichen Ziele fest (z.B.: Zur Lösung des Falles muss ich ein Telefongespräch mit dem Kunden XY in der Fremdsprache zu diesem Thema führen. Was muss ich können, wissen, üben, um das zu tun? Was brauche ich dafür?). Der sprachliche Bestand in Form von speziellem Fachvokabular bzw. Redemitteln muss mitgebracht, vorgelegt, erarbeitet und geübt werden.
Wenn es sich um sehr fortgeschrittene Lernende handelt, deren Ziel eine internationale Kommunikation auf sehr hohem Niveau ist, kann diese Phase in der Zielsprache ablaufen. Sie müssen dann die geeigneten Redemittel (einen Vorschlag machen, eigene Meinung begründen, Einwände vorbringen etc.) zur Verfügung haben. In den meisten Fällen ist es jedoch hinsichtlich des Niveaus der Lernenden realistischer, wenn in dieser Phase die Muttersprache verwendet wird.

2. Erarbeitungsphase

Informationen suchen – prüfen – ordnen; an Lösung arbeiten; Präsentation vorbereiten

In dieser Phase arbeiten die Lernenden in einem Team auf die Lösung und die Ziele hin. Sie suchen, prüfen und ordnen Informationen. Sie entwerfen einen Arbeitsweg und führen die Schritte aus. Gleichzeitig bereiten sie hier auch auf die Präsentation der Lösung, des Produkts vor.

Fremdsprache
In dieser Phase findet der Fremdsprachenerwerb statt. Hier arbeiten die Lernenden an und mit den sprachlichen Mitteln, mit denen sie ihr Ziel erreichen können (z.B. ein Telefongespräch in der Fremdsprache führen). Der Fremdsprachenerwerb geschieht selbstverständlicher, wenn vereinbart ist, dass die Präsentation der Lösung/des Produkts in der Fremdsprache stattfindet.
Der Erwerb kann in dieser Phase auch durch andere Lern- und Lehrformen (Frontalunterricht, Übungen aus Lehrwerken usw.) unterstützt werden.

3. Auswertungsphase

Präsentieren – diskutieren – begründen – verteidigen – beurteilen

Hier werden die Arbeitsergebnisse, Lösungen, Produkte vorgestellt, diskutiert, begründet, verteidigt, beurteilt.

Fremdsprache
Die Präsentation geschieht in der Fremdsprache, wenn in der Phase 2 darauf hingearbeitet wurde. Außerdem werden hier die Ergebnisse eingeordnet (z.B.: Wie verlief das Telefongespräch?) und mit den Zielsetzungen aus Phase 1 (Kann ich dieses Telefongespräch in der Fremdsprache führen?) verglichen.

Muttersprache - Fremdsprache
Diese Dreiphasen-Struktur bildet die Grundlage für einen handlungsorientierten Unterricht.
Wenn es um die Bearbeitung und Lösung eines im weitesten Sinne 'technischen' Falles geht, sollten die Lernenden nicht durch sprachliche Defizite in ihrer Kreativität gehindert werden. Denn die strukturelle Integration des Fremdsprachenerwerbs innerhalb des handlungsorientierten Unterrichts unterstreicht die natürliche Einheit zwischen Fremdsprache und Fach.
Geht die Initiative für eine handlungsorientierte Themenbearbeitung (z.B. in Form eines Projektes) vom Fremdsprachenlehrer aus, ist die Akzeptanz des Gebrauchs der Muttersprache und die Rolle der Zielsprache wahrscheinlich anders gewichtet als bei einem fächerübergreifenden Projekt, in das die Fremdsprache integriert werden muss.

Man sollte jedoch generell bedenken, dass berufsbezogener Fremdsprachunterricht vor allem mit jugendlichen Lernenden in erster Linie Sprachunterricht sein sollte und dass Sprachkompetenz im Beruf nicht gleichzusetzen ist mit fachsprachlicher Kompetenz (vgl. Funk 1992). Die Kunst des Lehrenden ist es, hier ein Gleichgewicht herzustellen.

Frage 2

Wie kann man Lernende langsam zum handlungsorientierten Unterricht hinführen?

Beispiel 1

Dieses Beispiel stammt aus dem Friesland College, Taalleercentrum Leeuwarden. Die Lernenden erhalten zu Beginn eine Mappe mit 'Handreichungen für Kursisten‘.
Diese Mappe enthält

- Hinweise für die Arbeit mit 'Logbuch‘, 'Sprachbuch‘ und 'Dossier‘.
- Beurteilung und Bewertung
- Regeln

- Hilfsmittel
  - für die Arbeit mit dem Computer
  - die Vorgehensweise bei der Arbeit an 'Situationen'

Das Logbuch

Die Lernenden führen ein Logbuch, in dem sie festhalten
- was sie getan haben;
- wann und wo sie mit wem gearbeitet haben;
- wie die Arbeit verlief (Probleme, Lösungen, was sie nächstes Mal anders machen würden);
- Absprachen und Zeitplan für das nächste Treffen.

Dieses Logbuch wird am Ende einer Arbeitseinheit ausgefüllt. Es dient als Grundlage für die Gespräche über den Lernfortschritt mit dem Tutor/Begleiter.

Das Sprachbuch

Die Lernenden führen ein 'Sprachbuch', in dem sie folgendes festhalten:
- neue sinnvolle und relevante Wörter, Ausdrücke, Sätze;
- eine Besonderheit (Regel), die man in der Sprache gefunden hat.

Es kann in folgender Form geführt werden:
- als Loseblatt-Sammlung
- auf Diskette

Die erwartete Anzahl gefundenen Materials ist pro Arbeitseinheit festzulegen.

Das Dossier

In einem 'Dossier' werden alle Materialien einer Arbeitseinheit gesammelt:
- Logbuchformulare
- Sprachbuch
- verwendete Materialien
- Kopien von Skripts der Präsentationen und deren Beurteilungen

Dieses Dossier dient als Grundlage für die Sprachlernbiographie.

Beispiel 2

Dieses Beispiel stammt von dem Cornelis-Burgh-Gymnasium, Erkelenz.
In dieser Schule findet für die ersten Klassen ein dreitägiges Methodentraining statt.
Hier erfahren und entwickeln die Lernenden auf anschauliche und aktive Art und Weise Methoden- und Sozialkompetenzen.

Die folgenden Inhalte werden von dem Dozententeam vorbereitet und mit den Schülern durchgeführt:

Tag 1
Einführung in das Lernen
Informationsbeschaffung in der Bibliothek und im Internet
Arbeit mit Texten

Tag 2
Informationen präsentieren und visualisieren

Tag 3
Arbeitsorganisation und Facharbeit

Beispiel 3

Im eigenen Unterricht sollte der Lehrende in kleinen Schritten immer wieder

- erklären, warum man was, wie und wozu macht;
- den methodischen Aufbau der Unterrichtsmaterialien erklären;
- verschiedene Techniken ausprobieren und vergleichen, bewusst machen;
- den Schülern planmäßig Lehraufgaben übertragen;
- Möglichkeiten der Zusammenarbeit mit Kollegen nutzen: Coaching, Supervision, Intervision.

Beispiel 4

Dieses Beispiel stammt aus der Theodor-Heuss-Schule in Reutlingen. Es betrifft hier die Ausbildung zum Reiseverkehrskaufmann/-frau

THEODOR-HEUSS-SCHULE REUTLINGEN
- Kaufmännische Schule -

Handlungsorientierte Themenbearbeitung (H O T)

Thema 1

Was bedeutet HOT?

Die Schülerinnen und Schüler bearbeiten selbständig ein vorgegebenes Thema. Am Ende der Arbeitsphase wird das Ergebnis der Arbeit in einer Präsentation der Restklasse und den Lehrern vorgestellt. Die Lehrer haben während der ganzen Zeit nur beratende Funktion, sie sind Ansprechpartner für Fragen jeder Art. Sie geben keine Lösungen oder Lösungshinweise vor, denn es gibt bei HOT kein 'richtiges' oder 'falsches' Ergebnis. Das Ergebnis, das Sie präsentieren, ist das Ergebnis Ihrer Arbeit!

Wie geht HOT?

Ihnen wird von Ihren Fachlehrern ein Thema vorgegeben. Sie bearbeiten das Thema in einem vorher festgelegten Team, denn Sie können sich in Ihrem Berufsalltag auch nicht aussuchen, mit wem Sie zusammen arbeiten wollen und besonders nicht, mit wem nicht.
Nach Bekanntgabe des Themas gehen Sie in Ihren Arbeitsraum und versuchen, das Thema in den Griff zu bekommen. Die Fachlehrer werden Ihnen beratend zur Seite stehen.
Ihre weitere Aufgabe besteht nun lediglich darin,
sich die Ihrer Meinung nach notwendigen Informationen zu beschaffen,
diese Informationen zusammenzutragen,
die wesentlichen Informationen auszuwählen,
die Fakten zu gewichten und sinnvoll miteinander zu verknüpfen,
die Präsentation vorzubereiten und dann auch durchzuführen.

Warum das Ganze?

Ganz einfach: Sie werden in Ihrem weiteren Berufsleben nicht damit auskommen, das Fachwissen, das Sie sich in Ausbildung im Betrieb und in der Schule angeeignet haben, zu reproduzieren. Sie werden gezwungen sein, sich den Veränderungen im Betrieb, in der Branche, im Beruf, innerhalb Ihrer Kunden anzupassen. Und hierfür müssen Sie in der Lage sein, Informationen aufzunehmen, zu beschaffen, zu ver- und bearbeiten, diese in Ihren Alltag umzusetzen. Wir möchten Ihnen im Laufe der zwei Jahre, die Sie bei uns sind, helfen, neben dem einen Fachwissen auch dies zu lernen.

Ihr Thema: Welche Motive haben Menschen überhaupt zu verreisen? Ordnen Sie diesen Motiven die entsprechenden Reisearten zu!

Kleine Hilfestellung: Folgende Stichworte sollten angesprochen werden:

Reisemotive; touristische Reisearten; Erholungsreisen; Kurreisen; Städtereisen; Studienreisen; Kongressreisen; Geschäftsreisen;

Also, viel Spaß beim Arbeiten wünscht das HOT-Team!

Frage 4
Welche Arten von Handlungsprodukten gibt es?

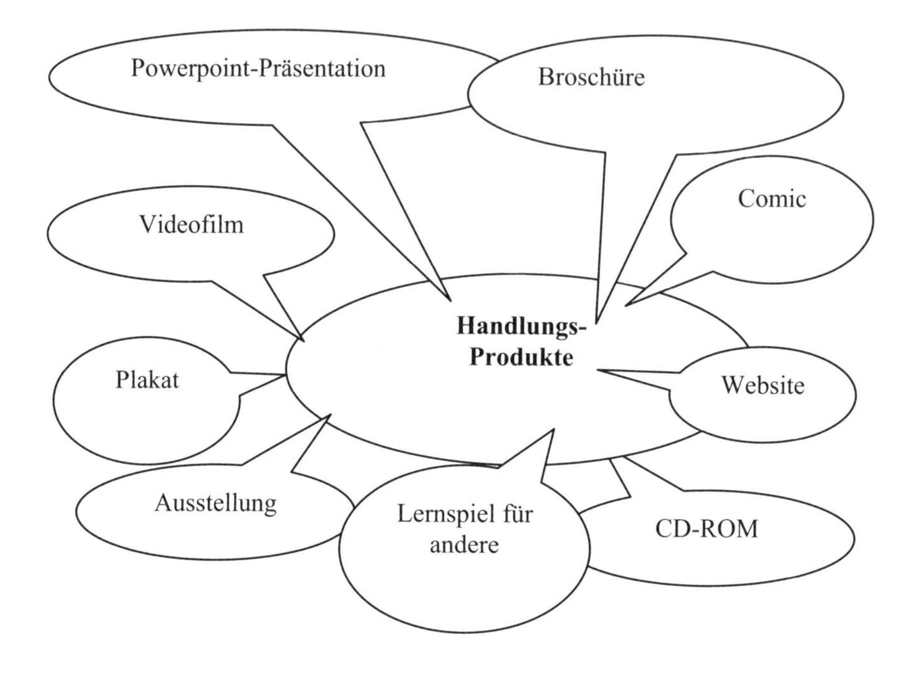

Frage 5
Wie bewerte ich die Leistungen im handlungsorientierten Unterricht?

Die Leistungsbewertung gehört zu den unumgänglichen Bestandteilen des Unterrichts. Oft ist es schon nicht einfach, den 'normalen' Unterricht zu bewerten, für den handlungsorientierten Unterricht kommen noch andere Kriterien hinzu: Hier kommt es darauf an, auch prozessbezogen zu beurteilen und neben den rein fachlichen Kenntnissen und Fertigkeiten auch die methodischen und sozialen Kompetenzen zu berücksichtigen. Die Lernenden müssen ebenfalls lernen, sich selbst einzuschätzen, ihre Lernfortschritte zu beschreiben, ihre Defizite aufzudecken und Verbesserungsstrategien zu entwickeln.
Die Bewertungen, die sich nicht nur auf die fremdsprachlichen Leistungen beziehen, sollten möglichst gemeinsam mit dem Fachlehrer durchgeführt werden.

Beispiele für die Bewertung der fremdsprachlichen Leistungen

Beispiel 1

Bewertungsbogen
Während einer Präsentation können Punkte in folgendem Bewertungsbogen festgehalten werden:

Name: ______________________________
Klasse: ______________________________

Grammatik:	wenige Fehler	3	2	1	0	viele störende Fehler
Wortschatz:	variationsreich mit Kompensations-strategien	3	2	1	0	nicht angemessen ohne Kompensations-strategien
Aussprache/ Intonation	gut zu verstehen	3	2	1	0	oft nicht verständlich
Inhalt/ Interaktion	voll angemessen	3	2	1	0	nicht angemessen

(Bolton 1996: 138)

Beispiel 2

Ein Kriterienraster für mündliche fremdsprachliche Leistungen
Bewertungskriterien: Mündliche Leistungen (die Punktezahl kann dem eigenen System angepasst werden).
(Bolton 1996: 137/138)

Grammatik	3 Punkte	Die Äußerungen sind weitgehend fehlerfrei.
	2 Punkte	Die Äußerungen enthalten einige Fehler, die jedoch das Verstehen überhaupt nicht beeinträchtigen.
	1 Punkt	Die Äußerungen enthalten mehrere Fehler, die das Verstehen an einigen Stellen beeinträchtigen.
	0 Punkte	Die Äußerungen sind aufgrund der Fehler weitgehend unverständlich.

Wortschatz	3 Punkte	Der Wortschatz ist variationsreich. Der Schüler kann ihm fehlende begriffe angemessen umschreiben
	2 Punkte	Der Wortschatz ist der Aufgabe angemessen. Der Schüler kann ihm fehlende Begriffe in den meisten Fällen angemessen umschreiben.
	1 Punkt	Der Wortschatz ist einfach (aber noch angemessen). Der Schüler kann ihm fehlende Begriffe annähernd umschreiben.
	0 Punkte	Der Wortschatz ist der Aufgabe nur teilweise angemessen.
Aussprache/ Intonation	3 Punkte	Aussprache und Intonation weisen keine wesentlichen Abweichungen von gesprochener Standardsprache auf.
	2 Punkte	Aussprache und Intonation eisen einige Abweichungen auf, die aber das Verstehen nicht beeinträchtigen.
	1 Punkt	Aussprache und Intonation weisen einige Abweichungen auf, die das Verstehen gelegentlich erschweren.
	0 Punkte	Aussprache und Intonation weisen starke Abweichungen auf, die das Verstehen stellenweise unmöglich machen.
Erfüllung der Aufgabenstellung und interaktives Verhalten	3 Punkte	Die Äußerungen sind inhaltlich voll angemessen. Der Schüler kann das Gespräch ohne Hilfen des Lehrers in Gang halten.
	2 Punkte	Die Äußerungen sind inhaltlich angemessen. Der Schüler kann das Gespräch ohne wesentliche Hilfen des Lehrers in Gang halten.
	1 Punkt	Die Äußerungen sind inhaltlich weitgehend angemessen. Der Schüler braucht aber ab und zu die Hilfe des Lehrers, um das Gespräch wieder in Gang zu setzen.
	0 Punkte	Auch mit häufigen Hilfen des Lehrers kommt kein befriedigendes Gespräch zustande.

Hier sei auf das Europäische Sprachportfolio verwiesen. Das ist eine Art europäisches Zertifikat, das den Lernenden hilft, ihre Kenntnisse, die sie in verschiedenen Sprachen erworben haben, selbst einzuschätzen und zu beschreiben, indem sie sie der sechsstufigen Kompetenzenskala des Europarats zuordnen sowie auf die vom Europarat herausgegebenen 'Rahmenvereinbarungen zur Zertifizierung von Fremdsprachenkenntnissen in der beruflichen Bildung‘ beziehen.

Beispiel für die Bewertung der fachlichen, methodischen und sozialen Kompetenzen

Ein mögliches Hilfsmittel zur Festlegung der zu vereinbarenden Ziele und zur Beobachtung der Lernfortschritte ist ein mit den Schülern besprochener Kompetenz- und Kriterienkatalog. Die Bewertung sollte gemeinsam mit dem Fachlehrer durchgeführt werden.

Kriterienraster zur Beobachtung und Bewertung der Fach-, Methoden- und Sozialkompetenz

Name:__________ Vorname:__________ Klasse:_________

	In welchem Maße kann der Schüler	+++ = sehr gut erreicht ++ = gut erreicht + = erreicht, aber mit Mängeln 0 = nur ansatzweise erreicht - = nicht erreicht
Fachliche/inhaltliche Kriterien		
	Lernergebnisse sach- und fachgerecht darstellen und auf Richtigkeit überprüfen	
	Arbeitsschritte in einer Zeiteinheit selbständig oder im Team planen und durchführen	
	fachspezifische Arbeitsmittel nutzen	
	Zusammenhänge zu anderen Themenbereichen erkennen und darstellen	
	neue Ideen in den Unterricht einbringen	
	Wesentliches von	

	Unwesentlichem unterscheiden	
Methodische/strategische Kriterien		
	Informationsmaterial beschaffen, auswerten, interpretieren usw.	
	Grundlegende, im Unterricht erarbeitete Methoden und Arbeitstechniken zielgerichtet anwenden	
	Ideen, Gedanken, -Texte vortragen, bzw. Ergebnisse präsentieren	
Sozial- /Verhaltenstechnische Kriterien		
	Vereinbarte Gesprächsregeln akzeptieren und einhalten	
	eigene Meinungen mit Argumenten begründen	
	auf Widersprüche angemessen reagieren	
	Aufgaben in einer Arbeitsgruppe übernehmen, die Arbeit maßgeblich mitgestalten, voranbringen, sein eigenes Verhalten reflektieren	
	Konflikte erkennen und nach möglichen Lösungen suchen	

(nach: Landesinstitut für Erziehung und Unterricht Stuttgart H-1997/31)

Beispiel für die Beurteilung der Leistungen des eigenen Teams

Name:__________
Zum Team gehörten:

	So beurteile ich die Leistungen meines Teams	+ = hat hervorragend geklappt 0 = war in Ordnung - = hat noch nicht geklappt, muss verbessert werden
Entwicklungs-Arbeitsprozess		
	Planung der Arbeit	
	Ausführung der Planung	
	Zusammenarbeit im Team	
	Verhalten bei Problemen	
	Umgang mit Arbeitsmethoden	
	Umgang mit Arbeitsmaterialien	
Ergebnis/Produkt		
	Richtigkeit	
	Vollständigkeit	
	Funktionsfähigkeit	
	Genauigkeit	

Beispiel für die Beurteilung der eigenen Leistung

Beurteilung meiner Leistung
<u>Note 1 (sehr gut)</u> • Selbständig entwickelte Ideen • Fehlerfreie, übersichtliche Unterlagen • Fehlerfreie Präsentation mit guten sprachlichen Formulierungen • Beherrschung des ganzen Themas • Verantwortung für die Gruppe

Note 2 (gut)

- Unterlagen und Präsentation gut und fehlerfrei, allerdings kaum wesentliche eigene Ideen
- Vorbereitung relativ selbständig
- Beherrschung eines Teilgebiets, Überblick über das ganze Thema
- Verantwortung in der Gruppe

Note 3 (befriedigend)

- Unterlagen und Präsentation ohne gravierende Fehler, allerdings ohne wesentliche eigene Ideen
- Relativ viele Hilfestellungen bei der Vorbereitung
- Kenntnis eines Teilgebiets
- Mitarbeit in der Gruppe

Note 4 (ausreichend)

- Unterlagen und/oder Präsentation mit Fehlern
- Unselbständigkeit bei der Vorbereitung
- Oberflächliche Behandlung des Themas

Note 5 (mangelhaft)

- Wesentliche Fehler, Thema oft nicht erfasst, Problemstellung nicht erkannt

Note 6 (ungenügend)

- Leistungsverweigerung in Vorbereitung, Erstellung der Unterlagen und Präsentation

Entscheide dich für eine Note, die deiner Leistung am ehesten entspricht. Das Ergebnis soll bei der Notenfindung berücksichtigt werden.

Name:____________________________________

Klasse:______________________

Dein Notenvorschlag:_________________________ Bestätigung des Lehrers

(nach: Landesinstitut für Erziehung und Unterricht Stuttgart H-97/31)

ANHANG

Thesen zum: Diskutieren, Provozieren, Animieren, Stimulieren
Die Thesen stammen in abgewandelter Form von: Jank/Meyer, Meyer, Klippert, Bimmel/Rampillon; Donath

Im alltäglichen Schulbetrieb besteht die Gefahr einer sich in Wechselwirkung gegenseitig verstärkenden Schüler-Langeweile und Lehrer-Hektik.

Lehrer sollten in der Schule sehr viel häufiger als üblich gemeinsam mit den Schülern etwas tun, das Hand und Fuß hat.

Unterricht sollte so oft wie möglich zu Ergebnissen kommen, die man anfassen oder vorführen kann.

Weder die Lehrer noch die Schüler sind perfekte Wesen, sie machen Fehler.

Lernen und Handeln sind ursprünglich eins.

Ein Lehrer als 'Entertainer' motiviert die Schüler.

Wer vom herkömmlichen Unterricht abweicht, steht unter erhöhtem Rechtfertigungszwang. Dies ist zwar ungerecht, aber ein Fakt. – Es wäre gerechter, denjenigen unter Druck zu setzen, der trotz sich fortwährend wandelnder Lebens- und Lernbedingungen der Schüler über Jahre und Jahrzehnte alles beim alten belässt.

Wenn die Erziehung zur Selbständigkeit ein übergeordnetes Ziel der Schule ist, dann muss sie im Unterricht geübt werden.

Schüler können im Fremdsprachenunterricht nicht selbst Verantwortung übernehmen.

Berufsbezogener Fremdsprachenunterricht ist erstens Sprachunterricht und zweitens berufsbezogen. Sprachkompetenz im Beruf ist vor allem nicht gleichzusetzen mit fachsprachlicher Kompetenz.

Schüler können in vielen Fällen erheblich mehr, als sie im herkömmlichen Schulbetrieb zeigen.

Rund 90% unserer Schüler sind vom Lerntyp her vorrangig praktisch-anschaulich eingestellt.

Der Fremdsprachenunterricht muss unbedingt einer grammatischen Progression folgen.

Ständiges Reflektieren von Methoden und Prozessen verhindert die Möglichkeit, sich intensiv und lustvoll in eine Aufgabe zu vertiefen.

Wer gelernt hat, in Gruppen zu arbeiten, der hat auch fürs Leben gelernt.

Baustein 2

Handlungsorientierte Unterrichtsmethoden

Ziele und Inhalt des Bausteins

Wir definieren den Begriff 'Methode' und stellen die Merkmale handlungsorientierter Methoden dar. Anhand verschiedener Klassifikationsschemata geben wir einen Überblick über handlungsorientierte Methoden. Wir erläutern wichtige Entscheidungskriterien für die Wahl und den Einsatz bestimmter Methoden. Ausgewählte zentrale Makro- und Mikro-Methoden zur Vermittlung beruflicher Handlungskompetenz in der Fremdsprache werden vorgestellt und zugleich beispielhaft konkretisiert. *(Entscheidend für die Auswahl war dabei die Überlegung, ob die Methode für die Umsetzung in den berufsbezogenen Fremdsprachenunterricht auf Fachschulniveau geeignet und zu verwirklichen ist.)*

Aufbau des Bausteins

Theoretischer Rahmen
‚Handlungsorientierte Unterrichtsmethoden': Was versteht man darunter?
Definition / Merkmale

Umsetzung in die Praxis
Welche Konsequenzen ergeben sich für die Umsetzung in die Praxis?
Entscheidungskriterien für den Einsatz handlungsorientierter Methoden
Handlungsorientierte Methoden im Überblick: Klassifizierungen und Abgrenzungen

Anregungen und Beispiele für die Praxis
Wie sieht das in der Praxis aus? Beschreibungen ausgewählter Methoden
Beispiele

Anhang
Zusatzmaterial

Übersicht über die beschriebenen Methoden (in alphabetischer Reihenfolge)

ABC-Methode
Aquarium/Fishbowl /Außenkreis-Innenkreis

Betriebsbesichtigung

Betriebserkundung
Brainstorming
Brainwriting / Methode 635
Fallbeispiel
Kopfstand
Leittext
Lernstationen/
Stationenlernen
Metaplan/
Moderationsmethode
Mind Mapping
Pro und Contra

Handlungsorientierte Unterrichtsmethoden: Was versteht man darunter?
Definition / Merkmale

Definition "Methode"
In den einzelnen europäischen Ländern ist der Begriff 'Methode' mit unterschiedlichen Bedeutungen und Vorstellungen verbunden. Wir gehen hier von der folgenden Definition aus:
Die Didaktik beantwortet die Inhaltsfrage. Das ist die Frage nach dem

WAS?

und den damit verbundenen Fragen

WARUM? – MIT WELCHEM ZIEL? – FÜR WEN? – MIT WEM? – WO?

Die Methodik beantwortet die Vermittlungsfrage und die Frage nach der Lerneffektivität.
Das sind die Fragen nach dem

WIE? – MIT WELCHEN MITTELN?

Methodik und Didaktik bedingen einander. Methodische Überlegungen setzen didaktische Entscheidungen voraus. Wenn wir uns klar darüber sind, was die Ziele, Inhalte, die gesellschaftlichen Forderungen, die sachlichen Voraussetzungen, die Zielgruppe etc. sind, dann entscheiden wir uns dafür, mit welchen Verfahren, Arbeits-, Sozialformen und Mitteln wir den Lernprozess organisieren.

Unterrichtsmethoden sind Kombinationen von Lehr- und Lernverfahren. Es sind "lernorganisatorische Maßnahmen, durch die Lerninhalte vom Lehrenden vermittelt bzw. Lernziele von den Lernenden erreicht werden. (...) Sie müssen sich auf didaktische Positionen rückbeziehen lassen" (vgl. Ott 1997: 124).
Wenn das Ziel der beruflichen Bildung die berufliche Handlungskompetenz ist und wir die Lernenden auf eine Zukunft im Informationszeitalter mit seinen

hohen Anforderungen an die Fach-, Sozial- und Methodenkompetenz vorbereiten müssen, dann erfordert das den Einsatz von handlungsorientierten Methoden, die das ermöglichen und erleichtern.

Was sind die Merkmale handlungsorientierter Methoden?

Merkmale handlungsorientierter Methoden

> Ich höre und vergesse.
> Ich sehe und erinnere mich.
> Ich tue es und verstehe es.
> (chin. Sprichwort)

Es gibt eine Vielfalt handlungsorientierter Methoden. Sie alle haben folgendes gemeinsam:
sie

- orientieren sich an den Interessen und Möglichkeiten des Lernenden;
- zielen nicht nur auf Wissen und Fähigkeiten, sondern gehen von Problemen aus und ermöglichen Problemlösungen;
- fordern zum konstruktiven Arbeiten, Überlegen und Diskutieren auf;
- fördern selbständiges, eigenverantwortliches Arbeiten;
- bieten die Möglichkeit, mit Kopf, Herz und Hand zu lernen;
- verknüpfen das Denken und Handeln miteinander;
- regen zur Reflexion über das eigene Tun an und
- fördern Kreativität, Kooperation und Kommunikation.

Der kommunikative und kooperative Charakter dieser Methoden macht sie für den Fremdsprachenunterricht besonders geeignet.

Mit dem Einsatz handlungsorientierter Methoden bietet sich außerdem die Möglichkeit, für Lernende im Fachschulbereich, die ja alle sehr unterschiedliche Voraussetzungen und Bereitschaften mitbringen, eine gemeinsame Lernbasis zu schaffen, von der aus sie ihre unterschiedlichen Fähigkeiten und Talente entwickeln und neue Kompetenzen erwerben können. Das gilt für die Kommunikation und Kooperation in besonderem Maße, weil diese Fähigkeiten bei diesen Lernenden oft nicht so stark entwickelt sind.

Welche Konsequenzen ergeben sich für die Umsetzung in die Praxis?
Entscheidungskriterien für den Einsatz handlungsorientierter Methoden.

Viele Wege führen nach Rom - oder: Die Qual der Wahl

Es gibt viele Möglichkeiten, einen handlungsorientierten Unterricht zu gestalten. Viele der Methoden sind auch nicht neu, nur haben wir sie oft nicht als zu realisierende Möglichkeiten für unseren eigenen Fremdsprachenunterricht gesehen.
Hier sollen keine normativen Vorschriften oder Rezepturen für den Einsatz dieser Methoden gegeben werden. Grundsätzlich gilt folgendes:

- Die bestimmenden Aspekte der Unterrichtsmethode wie z.B. Sozialformen, Unterrichtsformen, Unterrichtsmittel sind keine starren Merkmale, die für den gesamten Unterrichtsverlauf gelten, sondern müssen für jede Unterrichtsphase neu entschieden werden.
- Wir sollten keine Methode einsetzen, deren Sinn und Funktion wir nicht einsehen, die wir noch nicht genügend beherrschen oder die unserer Persönlichkeit nicht entspricht.
- Jede Methode langweilt und demotiviert, wenn sie zu oft oder falsch angewendet wird.

Der Weg liegt in einem wohldurchdachten und abwechslungsreichen Wechsel der Arbeits- und Sozialformen, der Unterrichtsformen und der Mittel. Auch 'traditionelle' Formen wie Frontalunterricht, Einzelarbeit etc. haben ihren Platz. Es geht immer darum, den Unterricht so zu organisieren, dass die Lernenden ein hohes Maß an Kreativität und Selbstbeteiligung erreichen.

Folgende Fragen sollte man sich stellen, bevor man sich für eine bestimmte Methode entscheidet:
Passt die Methode

zu den Lernenden: ihren fremdsprachlichen Voraussetzungen, ihrem Lernverhalten
zu dem Inhalt: dem zu vermittelnden, zu erlernenden Stoff
zu dem Ziel
zu der uns zur Verfügung stehenden Zeit
zu mir, dem Lehrenden?

Kurz gesagt, geht es bei der Auswahl der Methode darum, "Lernarrangements zu schaffen, durch die den Lernenden das Lernen ermöglicht und erleichtert wird" (Ott 1997: 124).

Handlungsorientierte Methoden im Überblick
Klassifizierungen und Abgrenzungen

Ein allgemeingültiges Klassifikationsschema oder eine eindeutige funktionsorientierte Abgrenzung der Methoden gibt es nicht. In der Literatur gibt es verschiedene Modelle, von denen wir hier zwei aus unserer Sicht besonders wichtige vorstellen. Im ersten Modell werden die Methoden nach Groß- bzw. Kleinformen eingeteilt, im zweiten nach ihren Funktionen im Unterricht.

Die Einteilung in Makro- und Mikromethoden
(Auch hier gibt es unterschiedliche Zuordnungen. Wir orientieren uns hier an Hoffmann/Langefeld.)

Makromethoden oder **Großformen**
d.h. ganzheitliche Lernarrangements, zentrale Makromethoden sind u.a.:
*(Die Methoden, die später beschrieben und mit einem Beispiel konkretisiert werden, sind mit einem Sternchen * versehen)*
*Betriebsbesichtigung
*Betriebserkundung (siehe auch: Dossier)
Expertenbefragung
*Fallbeispiel ('case-problem-method' / 'case-study-method')
*Leittext
Planspiel
Projektmethode (siehe auch: Baustein 3 'Projektarbeit im berufsbezogenen Fremdsprachenunterricht')
Zukunftswerkstatt

Mikromethoden oder **Kleinformen**
d.h. Arbeits- und Sozialformen, Kommunikations- und Kooperationsmethoden sind u.a.:
*ABC-Methode
*Aquarium / Fishbowl / Außenkreis-Innenkreis
Blitzlicht
*Brainstorming
*Brainwriting / Methode 635
(Gruppen-)Puzzle / Jigsaw
*Kopfstandmethode
*Lernstationen / Stationenlernen
*Metaplan / Moderationsmethode
*Mind Mapping
Rollenspiel
*Pro und Contra

Spiele

Die Einteilung nach den Funktionen im Unterricht, ausgehend von möglichen Unterrichtsphasierungen
(vgl. Hoffmann/Langefeld 1998 und Hugenschmidt/Technau: Seminarunterlagen 1999)

- Methoden zur Schaffung von persönlicher und sachlicher Orientierung,
- Methoden zur Problemfindung: Einstieg, Aktivierung, Planung,
- Methoden zur Problemlösung: Stofforientierung, Erarbeitung von Themenbereichen, Erschließung von Lerninhalten, Informationsverarbeitung, Verallgemeinerung,
- Methoden zu Wissenssicherung, Reflexion, Transfer.

Methoden zur Schaffung von persönlicher und sachlicher Orientierung
Frage: "Wer sind wir?" Kennenlernspiele / Warming-up-Methoden Selbstvorstellung Partnervorstellung Selbstporträt Steckbrief Gruppenspiegel

Methoden zur Problemfindung: Einstieg, Aktivierung, Planung Frage: "Was wollen wir?" "Wie wollen wir das erreichen?"
*ABC-Liste *Aquarium *Brainstorming *Brainwriting, *Methode 635 *Kopfstand *Mind Map Rollenspiel *Pro und Conta *Metaplan / Moderation Vortrag / Referat

Methoden zur Problemlösung
Stofforientierung, Erarbeitung von Themenbereichen, Erschließung von Lerninhalten, Informationsverarbeitung, Verallgemeinerung

*Betriebsbesichtigung
*Betriebserkundung – Expertenbefragung
Einzelarbeit, Partnerarbeit, Gruppenarbeit
(Gruppen-)Puzzle
*Fallbeispiel
*Lernstationen / Stationenlernen
*Metaplan / Moderation
*Mind Map
Lehrgespräch
*Leittext
Projekt (siehe Baustein 3: 'Projektarbeit im berufsbezogenen Fremdsprachenunterricht')

Methoden zu Wissenssicherung, Reflexion, Transfer
Fragen: "Was haben wir gemacht?" "Was haben wir gelernt?" "Haben wir das erreicht, was wir erreichen wollten?"

*ABC-Liste
*Mind Map
Rollenspiel
*Pro- und Contra
Schülervortrag
Spiele

Wie sieht das in der Praxis aus? Beschreibung ausgewählter Methoden
Beispiele

Im Folgenden stellen wir ausgewählte Methoden vor und konkretisieren sie anhand von Beispielen.
Die Auswahl haben wir auf Grund folgender Kriterien getroffen:

- Die Methoden sind im traditionellen Fremdsprachenunterricht z.T. noch nicht so verbreitet. (Verbreitete Methoden wie z.B. Gruppenarbeit, Referat, Lehrgespräch, Rollenspiel usw. werden hier nicht beschrieben.)
- Die Methoden müssen im berufsbezogenen Fremdsprachenunterricht auf Fachschulniveau auch in der Fremdsprache sprachlich zu realisieren sein. Dabei sind wir von durchschnittlichen Niveaubeschreibungen, Erfahrungen im Unterricht auf Fachschulniveau und Seminaren mit Lehrenden in diesem Bereich ausgegangen. Jeder Lehrende muss sich

vor dem Einsatz einer Methode jedoch immer wieder überlegen, ob die fremdsprachlichen Voraussetzungen seiner Lernenden genügen, oder ob eventuell sprachliche Mittel zur Durchführung bereitgestellt oder vorgeschaltet und geübt werden müssen.

Tipps

- Vor dem Einsatz einer Methode müssen der Verlauf und die 'Spielregeln' einer Methode klar sein (eventuell in der Muttersprache erklären!).
- Die Rollen (Moderator, Protokollant etc.) müssen verteilt und deren Aufgaben erklärt werden.
- Es ist wichtig, auf eine genaue Zeitvorgabe und Zeiteinhaltung zu achten.
- Die Arbeitsanweisungen auf den Vorlagen übersichtlich und in knappe Sätze fassen.
- Der Umgang mit Fehlern in der Fremdsprache und deren Korrektur sollte vorher mit den Lernenden besprochen werden.

Die ausgewählten Methoden werden in alphabetischer Reihenfolge beschrieben.

ABC – Listen - Methode

Zeit: 30-45 Minuten

Didaktischer Ort / Funktion

- Vorwissen (Wortschatz) zu einem bestimmten Thema ermitteln, z.B. als Unterrichtseinstieg
- Anregungen und neue Ideen zu einem Thema finden
- Aktivierung nach theoretischen Lehrteilen
- Lernzielkontrolle: wichtigste Begriffe (Wortschatz) zu einem behandelten Thema werden wiedergegeben
- Spontaneität und Kooperation werden gefördert

Verfahren / Methodische Organisation

- Je 2 Teilnehmer erhalten eine ABC-Liste
- Begriffe, die zum festgelegten Thema passen, zum jeweiligen Buchstaben notieren. Es muss nicht zu jedem Buchstaben ein entsprechender Begriff gefunden werden. Zeit: 10 Minuten
- Jeweils 2 Gruppen mit 2 Personen vergleichen ihre Listen und einigen sich auf 8-10 Begriffe. Zeit: 5 Minuten

Mögliche Weiterführung:

- Zwei Vierergruppen bilden eine neue Gruppe und einigen sich auf 10 gemeinsame Begriffe. Zeit: 5 Minuten
- (oder die Vierergruppe teilt sich wieder und bespricht mit einer anderen Partnergruppe die gewählten Begriffe – ergänzt, streicht. Zeit: 5 Minuten
- Zu den gewählten Begriffen (in der Kleingruppe oder im Plenum) z.B. Fragestellungen, Collagen, Strukturen entwickeln; auf einem Plakat/einer Wandtafel als Grundlage für die Weiterarbeit visualisieren. Zeit: 10-15 Minuten

Tipps

- Das Thema sollte konkret / eingeschränkt und nicht zu allgemein sein
- Im Deutsch als Fremdspracheunterricht sollten / können die Nomen mit Artikel und Pluralform aufgeschrieben werden – da, wo es sinnvoll ist und abhängig von der Funktion der ABC-Liste!
- Vorher festlegen, ob nur Nomen oder auch Verben oder andere Wortformen aufgeschrieben werden können

Beispiel: ABC-Liste

ABC-Liste

Thema: Am Hotelempfang

A – der Anmeldeschein -e, die Ankunft, die Abreise - ausfüllen	**N**
B – der Briefkasten- kästen, die Bar, das Büffet	**O**
C – die Cafeteria	**P**
D	**Q**
E – das Einzelzimmer, -	**R** – die Reservierung, -en
F – das Formular ausfüllen	**S**
G	**T**
H	**U**
I	**V**
J	**W** – der Weckdienst, wecken;
K	**X**
L	**Y** – eine Yacht mieten
M	**Z** – zuschlagpflichtig

Arbeitsanweisung:

1. Sie arbeiten mit einem Partner zusammen. Sammeln Sie zu jedem Buchstaben Begriffe zum ausgewählten Thema. Einigen Sie sich mit Ihrem Partner auf die 10 wichtigsten Begriffe. Zeit: 10 Minuten
2. Setzen Sie sich mit einer anderen 2er-Gruppe zusammen und bearbeiten Sie die beiden Listen. Legen Sie wiederum die insgesamt 10 wichtigsten Begriffe fest. Zeit: 5 Minuten
3. Entwickeln Sie zu den gewählten Begriffen z.B. Collagen, Strukturen. Stellen Sie Ihre Ergebnisse auf einem Plakat dar. Zeit: 10 Minuten

Aquarium / Innenkreis-Außenkreis / Fish-Bowl

(3 verschiedene Namen für ein und dieselbe Methode)

Zeit: 30 – 45 Minuten

Didaktischer Ort / Funktion

- Problemfindung
- Planung von Problemlösungen
- Problemlösungen werden im Zusammenwirken ergänzt, ausgetauscht, gewertet und beurteilt
- Einigung auf eine gemeinsame Vorgehensweise
- Präsentation von Gruppenergebnissen
- Interaktion, Kommunikations- und Kooperationsfähigkeit werden gefördert

Verfahren / Methodische Organisation

- Vorbereitung der Sitzordnung: Es werden 2 Kreise gebildet
- Im inneren Kreis sitzt eine Kleingruppe (kleiner Stuhlkreis – eventuell bleibt ein Stuhl frei) und ein Moderator - ein Lehrer oder ein Schüler. Der Moderator hat die formale Steuerung. Der Innenkreis diskutiert stellvertretend für die Großgruppe ein Thema, tauscht Ergebnisse aus, trifft Entscheidungen
- Die übrige (Groß-) Gruppe (großer Stuhlkreis) sitzt außen und hört dem Gespräch im Innenkreis schweigend zu
- Wenn jemand aus dem Außenkreis sich an der Diskussion beteiligen, einen Beitrag ergänzen oder modifizieren möchte, setzt er sich kurzfristig auf den freien Stuhl oder stellt sich hinter die betreffende Person des Innenkreises. Danach setzt er sich in den äußeren Kreis zurück. Die Teilnehmer des inneren Kreises können sich jederzeit durch einen Teilnehmer des äußeren Kreises vertreten lassen
- Die Ergebnisse des inneren Kreises werden so lange diskutiert, bis die Ergebnisse einstimmig festgelegt sind

Spielregeln

- Abstimmungen sind nicht erlaubt
- Es gibt keinen Sieg und keine Niederlage
- Entscheidend für den Erfolg ist die Kompromissbereitschaft

Tipps

- Sprachliche Mittel für diese Methode müssen vorher vorbereitet und geübt sein. Dazu gehören u.a. Redemittel zur Meinungsäußerung, zum Widersprechen, zur Meinungsbegründung etc. Diese Methode erfordert ein recht hohes fremdsprachliches Niveau
- Der Innenkreis sollte höchstens 7 Teilnehmer umfassen
- Die Gesprächsdauer sollte eher knapp bemessen und vorher festgelegt sein
- Es ist sinnvoll, mit Themen zu beginnen, die am ehesten kompromissfähig sind

Beispiele für ein Thema für Aquarium

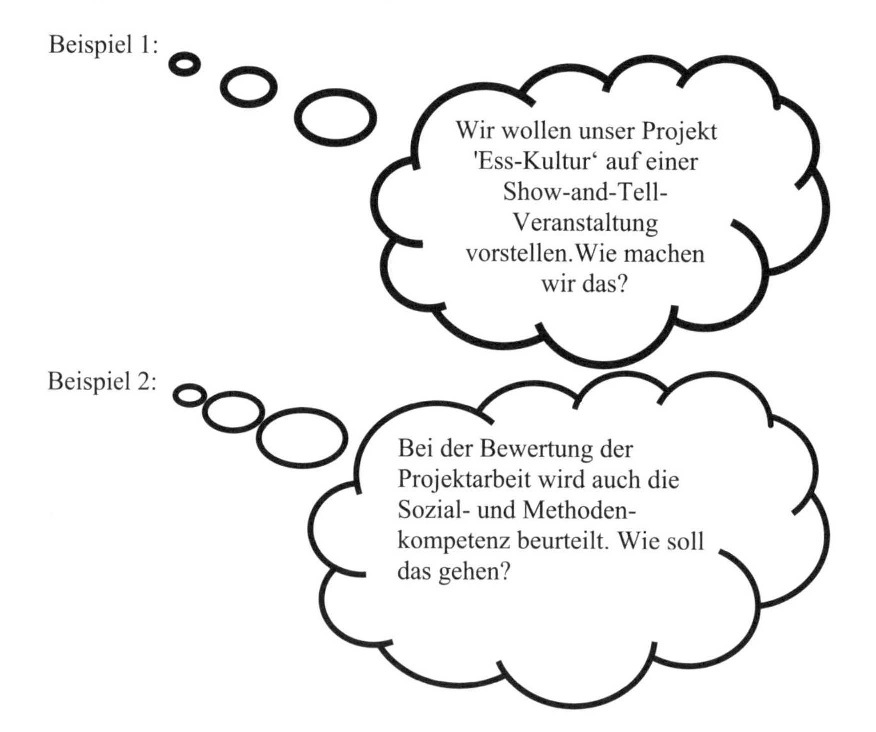

Betriebsbesichtigung

(siehe auch: Dossier: Betriebserkundung)

Didaktischer Ort / Funktion

Die Betriebsbesichtigung in erster Linie eine Selbstdarstellung des jeweiligen Betriebes, bzw. der Institution. Der Ablauf der Besichtigung wird häufig von dem Vertreter des Betriebes bestimmt. Die Besucher sind passiv und müssen eine Vielzahl von Informationen und Eindrücken aufnehmen. Eine vorherige Abstimmung mit dem jeweiligen Betrieb und eine intensive Nachbereitung im Unterricht sind dabei wichtig.

Verfahren / Methodische Organisation

Vorbereitung

- ❑ Kontaktaufnahme mit dem Betrieb
- ❑ Zielvorstellungen, Lerngruppe, Besichtigungsschwerpunkte erläutern
- ❑ Informationen über den Betrieb vermitteln
- ❑ Beobachtungsschwerpunkte festlegen

Durchführung

Der Repräsentant des Betriebes ist der aktive Teil. Er zeigt und erzählt das, was er für wichtig hält. Die Lernenden sind eher passiv und müssen eine Vielzahl an Informationen aufnehmen

Nachbereitung

- ❑ Sammeln, Austauschen und Einordnen der Eindrücke im Unterricht
- ❑ Einen Dankesbrief an den Betrieb schreiben

Tipps

- ❑ Die Besichtigung eines Betriebs im Land der Zielsprache erfordert eine besondere Vorbereitung im Fremdsprachenunterricht. Eine Zusammenarbeit mit dem Fachlehrer ist hierbei zu empfehlen
- ❑ Eine Besichtigung kann eine gute Vorbereitung für eine Betriebserkundung sein

Betriebserkundung

(siehe auch Dossier: Betriebserkundung)

Didaktischer Ort / Funktion

- Vororientierung: in einen neuen Themenbereich einsteigen
- Praxistest: theoretische Unterrichtsergebnisse werden in der Praxis überprüft
- Gezieltes Lernen 'vor Ort'
- Informationen gewinnen und weiter entwickeln
- Mit allen Sinnen lernen
- Inhalte werden veranschaulicht: Theorie und Praxis miteinander verbunden
- Entdeckendes Lernen und Kommunikation werden gefördert

Verfahren / Methodische Organisation

Vorbereitung

1. Abstimmung der Erkundung mit dem Betrieb

Kontaktaufnahme mit Betrieben:

- Lerngruppe, Zielvorstellungen, Erkundungsschwerpunkte beschreiben
- Aufbau, Organisation, Produkte, Dienstleistungen usw. erläutern lassen
- Fotografier-, Film- und Interviewerlaubnis einholen

2. Abstimmung der Erkundung in der Schule

- Rechts- und Versicherungsfragen klären
- Schulleitung informieren
- Vertretungsfragen regeln
- Technische Arbeitsmittel bereitstellen
- Kostenfrage / Zuschüsse regeln (für Fahrt und Verpflegung)

3. Vorbereitung in der Gruppe:

- Informationen über den Betrieb vermitteln
- Zielbestimmung: Was soll mit der Erkundung erreicht werden?
- Beobachtungs- und Befragungsschwerpunkte festlegen: Unter welcher Fragestellung soll die Erkundung durchgeführt werden?
- Erkundungsunterlagen entwickeln: Die Lernenden erarbeiten den Fragekatalog, den Beobachtungsbogen, die Verhaltensregeln
- Die Befragungstechniken einüben

Durchführung

Die Erkundung wird an dem vereinbarten Termin durchgeführt

Auswertung

- Beobachtungen, Eindrücke, Ergebnisse, Material sichten und auswerten

- ❑ Präsentation planen bzw. einen Erkundungsbericht anfertigen
- ❑ Ergebnisse in das Thema der Unterrichtseinheit einordnen
- ❑ Dem Betrieb danken und evtl. Kopien der Erkundungsergebnisse beifügen

Tipps

Für den Fremdsprachenunterricht kann eine Betriebserkundung eine Art *Kommunikationserkundung* sein. Das Ziel besteht darin, sich ein Bild von der Art und Weise zu verschaffen, in der Mitarbeiter eines Betriebes miteinander und mit Geschäftspartnern von außen (Kunden, Lieferanten) kommunizieren. Allgemein gibt eine Kommunikationserkundung Antwort auf die Frage:

Wer kommuniziert in welcher Sprache mit wem mit welchem Medium worüber? Bei einer Erkundung kann der Lernende aktiv recherchieren, über welche Sachverhalte er in seinem zukünftigen Beruf in der Fremdsprache sprechen oder schreiben muss und über welche sprachlichen Mittel er dafür verfügen muss (siehe auch: Dossier: 'Betriebserkundung').

Die Beobachtungs- und Befragungsschwerpunkte, die in der Planungsphase auf die Erkundung vorbereiten, können im Fremdsprachenunterricht auch als Vorbereitung auf ein Praktikum im Zielsprachenland eingesetzt werden.

Brainstorming
(Gedankensturm)

Zeit: 30-45 Minuten

Didaktischer Ort / Funktion

- in ein neues Thema einsteigen
- einen Themenkomplex wiederholen
- eigene Einfälle entwickeln
- möglichst viele Ideen zur Lösung eines Problems in der Gruppe finden
- unkonventionelle Zugänge zu einem Thema finden
- Zusammenhänge und Strukturen suchen
- Kreativität und Spontaneität fördern

Verfahren / Methodische Organisation

- Moderatoren und Protokollanten bestimmen
- Der Moderator überwacht die Regeleinhaltung und aktiviert die Teilnehmer durch Fragen und Hinweise
- Brainstorm-Regeln bekannt geben
- Fragestellung / Problem für alle sichtbar und gut visualisiert aufschreiben (Packpapier / Pinnwand / Overhead-Projektor)
- Ideenproduktion: die Gedanken stürmen in beliebiger Reihenfolge, dabei sind Denkpausen notwendig!
- Beiträge festhalten: sämtliche Beiträge werden von einem Protokollführer schriftlich fixiert. Bewährt hat sich die Aufzeichnung auf Kärtchen oder Zetteln, die auf der Pinnwand befestigt werden. So können die Teilnehmer alle vorgebrachten Einfälle sehen und werden dazu angeregt, weitere Einfälle zu produzieren. Später können die Kärtchen/Zettel umgehängt werden, dadurch wird eine flexible Strukturierung ermöglicht, die beim Festhalten der Ideen auf der Wandtafel oder dem Overhead-Projektor nicht gegeben sind
- Strukturierung und Bewertung: die gesammelten Beiträge werden geordnet, gegeneinander abgewogen, kritisiert, gerechtfertigt, erläutert, verworfen. Das geschieht anhand von vorher festgelegten Bewertungskriterien, wie z.B.: Was davon ist unter den gegebenen personellen, finanziellen usw. Bedingungen verwirklichbar, sinnvoll, zweckmäßig etc.?

Spielregeln (eventuell für alle sichtbar im Raum aufhängen!)

- Jede Idee ist willkommen!

- ❑ Spinnen ist erwünscht! Je ausgefallener eine Idee, desto besser!
- ❑ Quantität geht erst einmal vor Qualität
- ❑ Ideen von anderen aufgreifen und fortführen ist jederzeit erlaubt
- ❑ Keine Kritik an Beiträgen während des Brainstorms!

Tipps

- ❑ Die Problemstellung / Fragestellung muss klar beschrieben sein
- ❑ Die Bewertung der Ideen sollte erst nach Abschluss der Ideensammlung erfolgen
- ❑ Es sollte geklärt werden, ob Ideen auch in der Muttersprache geäußert werden dürfen. Das hängt von der Funktion bzw. dem Stellenwert dieser Methode ab
- ❑ Haben Sie Geduld! Die ersten Gedankenblitze kommen oft zögerlich

Beispiele für ein Brainstorming:
Überall dort, wo möglichst viele Ideen, Vorschläge und Vorkenntnisse gefragt sind, ist der 'Gedankensturm' in der Gruppe unverzichtbar.
Wichtig ist die konkrete Formulierung der Frage / des Problems.
Z.B.

- ❑ Welche Sachen, die für unsere Stadt / unser Land typisch sind, schicken wir in einem Überraschungspaket an unsere E-Mail-Partnerklasse?
- ❑ Welche Tipps für do's oder dont's in einem Restaurant in unserem Land würden wir einem ausländischen Besucher geben?
- ❑ Woran müssen wir denken, wenn wir uns um eine Praktikumstelle in Frankreich bewerben?
- ❑ Wir eröffnen ein Restaurant für reiche Doppelverdiener. Welchen Namen geben wir unserem Restaurant?

Brainwriting -
Methode 635

Brainwriting

Das **Brainwriting** ist im Grunde eine schriftliche Variante zum Brainstorming und erfüllt dieselbe didaktische Funktion.

Verfahren

- Jeder Teilnehmer erhält ein Blatt mit der Fragestellung
- Jeder schreibt spontan 2-4 Ideen auf sein Blatt und gibt dieses an seinen Nebenmann weiter, der dann weitere Ideen hinzufügt. Auch hier fördert das Aufgreifen und Ausbauen der Ideen anderer die assoziative Ideengewinnung
- Nachdem alle Teilnehmer alle Blätter gesehen haben, werden die Ideen gesammelt, strukturiert und bewertet
- Ideen können für einen 'Markt der Möglichkeiten' visualisiert werden

Beispiel

Problem / Frage: Welchen Namen geben wir unserem neuen Suppengericht?

Name	1. Idee	2. Idee	3. Idee

Methode 635

Die *Methode 635* ist eine Variante des Brainwriting. Die Zahlen stehen dabei für Folgendes:
Jeder der 6 Teilnehmer einer Gruppe schreibt jeweils 3 Lösungsideen zum gestellten Problem in 5 Minuten auf und reicht das Blatt weiter.

Mögliche Stolpersteine
Bei zu vielen schriftlichen Ideen und ständigem Herumreichen können die Teilnehmer lustlos und müde werden.

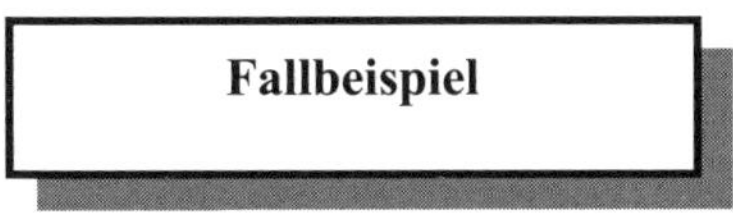

(Varianten: Fallmethode, 'case-problem-method', 'case-study-method')

Didaktischer Ort / Funktion

- Ein konkretes Problem aus der Berufspraxis wird bearbeitet, das fördert die Motivation
- Zusammenhänge werden selbständig erarbeitet, das verknüpft Theorie und Praxis miteinander
- Das problemlösende Denken wird gefördert
- Informationsbeschaffung und –verarbeitung werden geübt
- Kommunikation und Kooperation werden gefördert
- Der Gebrauch moderner Technologie wird stimuliert
- Authentisches fremdsprachliches Material wird bearbeitet

Verfahren / Methodische Organisation

Im Plenum

1. Konfrontation mit dem Fall: Was ist passiert?
2. Verständnisfragen klären

In Gruppen

3. Beschaffung und Auswertung von Informationen: Welche Informationen brauchen wir ? Woher bekommen wir sie? Welche Lösungen sind denkbar? Hier ist im Fremdsprachenunterricht der Ort für die Frage: Welche sprachlichen Mittel brauchen wir zum Lösen des Falles und für die Präsentation unserer Ergebnisse im Plenum?
4. Entscheidungsfindung:– Wir treffen eine Entscheidung: Welche Folgen hat sie?

Im Plenum

5. Präsentation und Diskussion der Ergebnisse: Unsere Entscheidung – eure Entscheidung: Pro- und Contra.
6. Praxisvergleich (falls möglich): Unsere Entscheidung – tatsächliche

Entscheidung

Tipps

Im Sachunterricht wird empfohlen, den Fall möglichst offen zu gestalten, damit die Lernenden vor eine Situation gestellt werden, die es notwendig macht, sich zunächst weitere Informationen zu beschaffen, um das Problem zu lösen.

Aber: Je offener oder komplexer ein Fall, desto mehr Zeit wird zur Entscheidungsfindung benötigt und desto mehr tritt der Lernprozess gegenüber dem Produkt in den Vordergrund. Ob das im Fremdsprachenunterricht möglich oder gewünscht ist, muss der einzelne Lehrer entscheiden.

Erfahrungen zeigen, dass für den Einsatz dieser Methode im Fremdsprachenunterricht gebundenere Fälle zu empfehlen sind.

Für das Finden realistischer, praxis- und berufsrelevanter Fälle ist die Zusammenarbeit mit dem Fachkollegen zu empfehlen.

Der Gebrauch der Muttersprache bzw. der Fremdsprache sollte vorher festgelegt werden.

Beispiele für 'Fallbeispiele'

Beispiel 1

Telefax-Deckblatt

An: Von: Faxnummer: Datum:

□ DRINGEND □ ZUR ERLEDIGUNG □ ZUR STELLUNGNAHME □ ZUR KENNTNIS □ MIT DANK ZURÜCK

Bemerkungen/Kommentare:

Bitte übernehmen Sie am Mittwoch, den 10.2. ab unserem Werk Lyon
440 Säcke chemicals hamless 22.300 kg

für Fa. DUGUSSA, Frankfurt, Hanauer Straße 14-18

Spätester Anliefertermin: 11.2. 15: Uhr

Mit freundlichen Grüßen
Gez. Perchin, Lyon

Beispiel 2

Auf einer Baustelle einer internationalen Baugesellschaft hatten drei Mitarbeiter in den letzten 2 Monaten ernsthafte Unfälle.

Beispiel 3:
Frau Meier im Sekretariat erhält folgenden Auftrag von der Chefin:

> 5.6.
> Frau Meier:
> Bitte meine Teilnahme am FmF-Kongress im Juli regeln.
> Mein Mann kommt mit!
> Danke!
> Doris Müller

Kopfstand-Methode

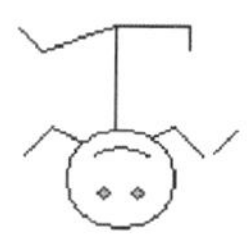

Zeit 30 - 45 Minuten

Didaktischer Ort / Funktion

- Denkblockaden aufheben
- Kreativität fördern
- Barrieren und Fehler, die einer Problemlösung bisher im Weg standen, erkennen
- Probleme / Aufgaben von verschiedenen Seiten beleuchten
- Festgefahrene Sichtweisen auflösen
- mit der Fremdsprache 'spielen'

Verfahren / Methodische Organisation

- Problemfrage in ihr Gegenteil verkehren
- In Gruppen: Ideensuche / Brainstorming; ca. 10 Minuten
- Zu jeder genannten Idee wird eine Gegenlösung gesucht, die bezogen auf die ursprüngliche Fragestellung zur Lösungsfindung führen soll
- Bewertung der Ideen und Entwicklung von Lösungsvorschlägen

Tipps

Es macht den Schülern unserer Erfahrung nach viel Spaß, selbst umkehrbare Themen zu finden.

Beispiele für Kopfstand-Methode

Kopfstand

Beispiel 1
Thema/Aufgabe: *Ich habe mich für eine Praktikumstelle in Luzern beworben. Was muss ich tun, um diese Stelle zu bekommen?*

1. Umkehrungsideen	2. Gegenlösungen
Thema auf den Kopf gestellt: *Was muss ich tun, um diese Stelle* ***nicht*** *zu bekommen?*	
- die Leute vom Betrieb werden mir schon Informationsmaterial zuschicken	*- ich informiere mich im Internet über den Betrieb*
- ich regle rechtzeitig meine Unterkunft	*- ich gehe davon aus, dass der Betrieb eine Unterkunft für mich regelt*
-	-

3. Bewertung / Lösungsvorschläge

Beispiel 2
Die Lieferung muss in 2 Tagen beim Kunden sein. 2 Mitarbeiter sind krank.
Thema: Was muss ich tun, damit die Lieferung in 2 Tagen beim Kunden ist?
Umkehrung: Was muss ich tun, damit die Lieferung *nicht* in 2 Tagen beim Kunden ist?

Beispiel 3
Der Kunde hat eine falsche Ware erhalten. Er ruft an und beschwert sich.
Thema: Was muss ich tun, um den Kunden freundlich zu stimmen?
Umkehrung: Was muss ich tun, um den Kunden so zu *verärgern*, dass wir ihn verlieren?

Beispiel 4
Es nehmen nur wenig Lehrer die Fortbildungsangebote unserer Institution wahr.

Thema**:** Was muss ich tun, damit die Lehrer unsere Fortbildungsangebote wahrnehmen?
Umkehrung: Was muss ich tun, damit die Lehrer unsere Fortbildungsangebote *nicht* wahrnehmen?

Beispiel 5
Ich möchte, dass dieses Seminar ein Erfolg wird.
Thema**:** Was muss ich tun, damit dieses Seminar ein Erfolg wird?
Umkehrung: Was muss ich tun, damit dieses Seminar ein *Misserfolg* wird?

Leittext-Methode

Ein Leittext ist eine vom Lehrenden verfasste schriftliche Arbeitsanleitung für den Lernenden.
Die schriftlichen Lernunterlagen enthalten

- Leitfragen
- Informationsmaterial
- Literaturhinweise
- Arbeitsanweisungen

Das Wichtigste sind die Leitfragen. Sie sollen den Lernenden zum Wissenserwerb, zum Nachdenken über Zusammenhänge und zum systematischen Planen anregen.

Die systematische Anleitung entspricht dem System einer vollständigen Handlung:

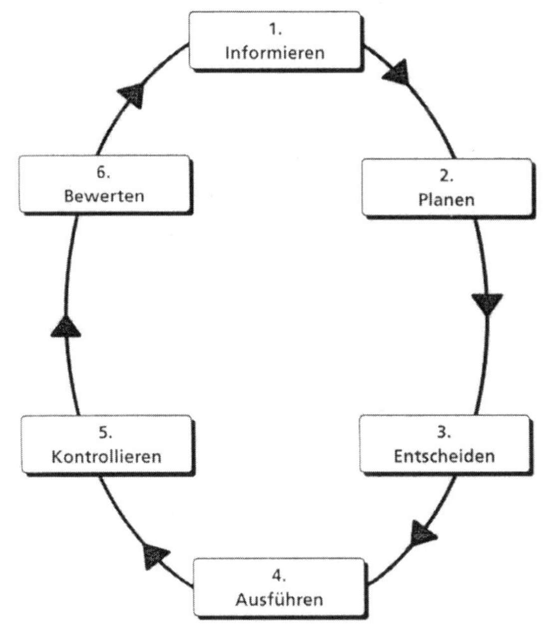

(Ott 1997: 187)

Didaktischer Ort / Funktion

- den Zugang zu umfassenden Kenntnisquellen erleichtern
- selbständig Informationen aufnehmen und verarbeiten
- den Gesamtzusammenhang von komplexen Aufgaben erkennen
- die Aufgabe sowohl von ihrer theoretischen als auch von ihrer praktischen Seite angehen
- authentisches fremdsprachliches Material bearbeiten
- mit neuer Technologie umgehen
- selbstgesteuertes und selbständiges Arbeiten wird gefördert

Verfahren / Methodische Organisation

Erstellung eines Leittextes

Der Lehrende legt die Aufgabenstellung fest.
Aufgrund der Vorkenntnisse der Lernenden und durch die Zusammenstellung der Informationsquellen werden die Leitfragen zu der Aufgabenstellung formuliert.

Arbeiten mit dem Leittext

Die Lernenden lesen den zu bearbeitenden Text durch.
Jeder versucht, in Einzelarbeit mit Hilfe des Informationsmaterials die gestellten Fragen zu beantworten.
Die Ergebnisse werden in der Kleingruppe vorgestellt und diskutiert.
Die Gruppenmitglieder einigen sich auf eine Lösung, die sie den anderen Gruppen vorstellen wollen, und legen die Art und Weise der Präsentation fest.

Tipps

Die Leittextmethode erfordert viel Vorarbeit vom Lehrer. Wenn aber einmal ein Leittext ausgearbeitet ist, kann er (eventuell in leicht veränderter Form und durch aktuelles Material ergänzt) wieder eingesetzt werden.
Für den Fremdsprachenlehrer ist bei der Themenfindung die Zusammenarbeit mit dem Fachlehrer zu empfehlen.
Zu detailliert ausgearbeitete Leittexte schränken den Handlungsspielraum ein!

Beispiel für einen Leittext

(nach: Landesinstitut für Erziehung und Unterricht H-97/31: Autorin: Sandra Lochmann, Ludwig-Erhard-Schule Pforzheim)

Leittext zu:
Mangelhafte Lieferung

Ablauf

1. Gruppenbildung
2. Lehrer teilt Leittext (Anlage 1) und Informationsblätter (Anlage 2-5) aus
3. Gemeinsames Lesen der Situation, in der die Schüler sich befinden

Organisatorische Hinweise

- Leitfragen zuerst schriftlich beantworten
- Materialien für Bearbeitung / Präsentation bereitstellen
- Zeitvorgabe: 60 Minuten

Mögliche Weiterarbeit
Im Anschluss an die Bearbeitung können die Lernenden die Situation in einem Rollenspiel spielen.

ANLAGE 1

Leittext zur "Mangelhaften Lieferung"

Sie führen ein kleines Feinkostgeschäft in Pforzheim.
Vom 17. – 22. März 2001 veranstalten Sie wieder Ihre bereits traditionelle "Spaghetti-Woche". In dieser Woche werden Zutaten für Spaghetti Napolitana besonders günstig angeboten.
Am Freitag, den 14. März werden von der Firma W. Moser – Nahrungsmittelimporteur Waren für die Spaghetti-Woche geliefert.

?

Beantworten Sie bitte folgende Fragen:
1. Wozu sind Sie als Einkäufer beim Eintreffen einer neuen Ware verpflichtet?
2. Welche Mängel stellen Sie bei der gerade eingetroffenen Lieferung fest?
3. Wie und wann müssen Sie reagieren?
4. Welche Rechte haben Sie grundsätzlich?
5. Was machen Sie mit der mangelhaften Ware?

Nehmen Sie bei der Bearbeitung der Fragen die folgenden Informationsmittel zu Hilfe:
die Gesetzesauszüge
die Bestellung
das Lehrbuch, Seite ...

ⴕ

Untersuchen Sie genau die gelieferte Ware

Erstellen Sie die folgenden Unterlagen

1. eine Arbeitsanweisung für Ihre Angestellten und Auszubildenden zum Thema: "Vorgehensweise beim Eintreffen neuer Ware"
2. eine Auflistung, welche Rechte Sie bei der gerade eingetroffenen Lieferung in Anspruch nehmen können
(Diese Auflistung dient Ihnen als Gedankenstütze bei Ihrem Telefonat mit der Firma W. Moser – Nahrungsmittelimporte)

ANLAGE 2

Feinkost Schmitz, Taubenstraße 27, 75186 Pforzheim

Wilhelm Moser
Nahrungsmittelimporte
Postfach 6067
76149 Karlsruhe

Ihre Zeichen, Ihre Nachricht vom Unsere Zeichen, Unsere Nachricht vom

Pforzheim, den 2001-03-08

Bestellung für unsere "Spaghetti Woche" vom 17. bis 22. März 2001

Sehr geehrte Damen und Herren,

hiermit bestellen wir für unsere "Spaghetti-Woche" vom 17. bis 22. März zu den üblichen Bedingungen folgende Ware aus Ihrem Angebot:

20 kg reife, aromatische italienische Strauchtomaten Handelsklasse I
zum Preis von 2,99 DM je Kilo
1 Laib (6 kg) mittelalter Parmesan zum Preis von 120,- DM
80 Packungen (500 g) Spaghetti der Firma Barilla zum Preis von je 0,95 DM
100 Flaschen Chianti Classico
Wir bitten um schnellstmögliche Lieferung.
Bitte bestätigen Sie diese Bestellung und teilen Sie uns die kürzeste Lieferzeit mit.

Mit freundlichen Grüßen

FEINKOST SCHMITZ

O. Schmitz

ANLAGE 3

Zusammenstellung der "Lieferung":

Kiste mit ...	... und einem **Kärtchen mit der Aufschrift**
einer Flasche Bardolino	80 Flaschen Bardolino
einem Päckchen geriebener Parmesan	10 kg geriebener Parmesan
einer grünen holländischen Tomate	20 kg grüne holländische Tomaten
einer 500 g-Packung Barilla-Spaghetti	80 Packungen Barilla Makkaroni

ANLAGE 4

Auszüge aus dem Bürgerlichen Gesetzbuch (BGB)

§ 459. [Haftung auf Sachmängel]

(1) Der Verkäufer einer Sache haftet dem Käufer dafür, dass sie zu der Zeit, zu welcher die Ware auf den Käufer übergeht, nicht mit Fehlern behaftet ist, sie den Wert oder die Tauglichkeit zu dem gewöhnlichen oder nach dem Vertrage vorausgesetzten Gebrauch aufheben oder mindern. Eine unerhebliche Minderung des Wertes oder der Tauglichkeit kommt nicht in Betracht.
(2) Der Verkäufer haftet auch dafür, dass die Sache zur Zeit des Überganges der Ware die zugesicherten Eigenschaften hat.

§ 462. [Wandelung; Minderung]

Wegen eines Mangels, den der Verkäufer nach den Vorschriften der §§ 459,460 zu vertreten hat, kann der Käufer Rückgängigmachung des Kaufes (Wandelung) oder Herabsetzung des Kaufpreises (Minderung) verlangen.

§ 463 [Schadenersatz wegen Nichterfüllung]

Fehlt der verkauften Sache zur Zeit des Kaufs eine zugesicherte Eigenschaft, so kann der Käufer statt der Wandelung oder der Minderung Schadenersatz wegen Nichterfüllung verlangen. Das gleiche gilt, wenn der Verkäufer einen Fehler arglistig verschwiegen hat.

§ 464 [Vorbehalt bei Annahme]

Nimmt der Käufer eine mangelhafte Sache an, obschon er den Mangel kennt, so stehen ihm die in den §§ 462, 463 bestimmten Ansprüche nur zu, wenn er sich seine Rechte wegen des Mangels bei der Annahme vorbehält.

§ 476a. [Recht auf Nachbesserung]

Ist an der Stelle des Rechts des Käufers auf Wandelung oder Minderung ein Recht auf Nachbesserung vereinbart, so hat der zur Nachbesserung verpflichtete Verkäufer auch die zum Zwecke der Nachbesserung erforderlichen Aufwendungen, insbesondere Transport-, Wege-, Arbeits- und Materialkosten, zu tragen. [.......]

§ 477. [Verjährung der Gewährleistungsansprüche]

Der Anspruch auf Wandelung oder auf Minderung sowie der Anspruch auf Schadensersatz wegen Mangels einer zugesicherten Eigenschaft verjährt, sofern nicht der Verkäufer den Mangel arglistig verschwiegen hat, bei beweglichen Sachen in sechs Monaten von der Ablieferung, bei Grundstücken in einem Jahre von der Übergabe an.
Die Verjährungsfrist kann durch Vertrag verlängert werden.

§ 480. [Gattungskauf]

(1) Der Käufer einer nur der Gattung nach bestimmten Sache kann statt der Wandelung oder der Minderung verlangen, dass ihm anstelle der mangelhaften Sache eine mangelfreie geliefert wird.
(2) Fehlt der Sache zu der Zeit, zu welcher die Ware auf den Käufer übergeht, eine zugesicherte Eigenschaft oder hat der Verkäufer einen Fehler arglistig verschwiegen, so kann der Käufer statt der Wandlung, der Minderung oder der Lieferung einer mangelfreien Sache Schadenersatz wegen Nichterfüllung verlangen.

§ 195. [Regelmäßige Verjährungsfrist]

Die regelmäßige Verjährungsfrist beträgt dreißig Jahre.

ANLAGE 5

Auszüge aus dem Handelsgesetzbuch (GB)

§377. [Untersuchungs- und Rügepflicht]

(1) Ist der Kauf für beide Teile ein Handelsgeschäft, so hat der Käufer die Ware unverzüglich nach der Ablieferung durch den Verkäufer, soweit dies nach ordnungsmäßigem Geschäftsgange tunlich ist, zu untersuchen und, wenn sich ein Mangel zeigt, dem Verkäufer unverzüglich Anzeige zu machen.

(2) Unterlässt der Käufer die Anzeige, so gilt die Ware als genehmigt, es sei denn, dass es sich um einen Mangel handelt, der bei der Untersuchung nicht erkennbar war.

(3) Zeigt sich später ein solcher Mangel, so muss die Anzeige unverzüglich nach der Entdeckung gemacht werden; anderenfalls gilt die Ware auch in Ansehung dieses Mangels als genehmigt.

(4) Zur Erhaltung der Rechte des Käufers genügt die rechtzeitige Absendung der Anzeige.

(5) Hat der Verkäufer den Mangel arglistig verschwiegen, so kann er sich auf diese Vorschriften nicht berufen.

§ 378. [Untersuchungs- und Rügepflicht bei Falschlieferung oder Mengenfehlern]

Die Vorschriften des § 377 finden auch dann Anwendung, wenn eine andere als die bedungene Ware oder andere als die bedungene Menge von Waren geliefert ist, sofern die gelieferte Ware nicht offensichtlich von der Bestellung so erheblich abweicht, dass der
Verkäufer die Genehmigung des Käufers als ausgeschlossen betrachten musste.

§ 379. [Einstweilige Aufbewahrung; Notverkauf]

(1) Ist der Kauf für beide Teile ein Handelsgeschäft, so ist der Käufer, wenn er die ihm von einem anderen Orte übersendete Ware beanstandet, verpflichtet, für ihre einstweilige Aufbewahrung zu sorgen.

(2) Er kann die Ware, wenn sie dem Verderb ausgesetzt und Gefahr im Verzug ist, unter Beobachtung der Vorschriften des §373 verkaufen lassen.

Lernstationen / Stationenlernen

Lernstationen sind dem Zirkeltraining im Sport verwandt. Im Raum sind auf verschiedenen Tischen (Stationen) Informationen, Materialien und dazugehörige Aufgaben vom Lehrer vorbereitet. Jede Station bedeutet 1 Aufgabe. Die Schüler können die Reihenfolge des Durchlaufens der einzelnen Stationen selbst festlegen. Dabei gibt es **'Pflicht'-Stationen**, die jeder bearbeiten muss (Vorgaben des Lehrplans) und **'Wahl'- Stationen** mit Materialien zum Üben, Spiele, aber auch weitergehende Materialien und Informationen.

Zeit nach der Einführung 40 Minuten oder mehr (je nach Anzahl und Intensität der Stationen)

Didaktischer Ort / Funktionen

- (fremdsprachliche) Texte selbständig erarbeiten
- selbständig Wissen aneignen
- Arbeitsrhythmus selbst bestimmen
- Vernetzung von Teilgebieten erkennen
- sich von unterschiedlichen Schwierigkeitsgraden herausfordern lassen
- selbstgesteuertes Lernen üben
- Kooperationsfähigkeit und Teamfähigkeit üben

Verfahren / Methodische Organisation

Vorbereitung

- Lehrer bereitet Stationen vor: 1 Station = 1 Lernschritt
- die an den Lernstationen ausgelegten Aufgaben klar definieren
- genaue Zeitvorgabe für die Bearbeitung machen
- geforderte Leistungen benennen
- Abgabetermine und geplante Leistungsüberprüfung bekannt geben
- 1 Aufgabe = 1 Blatt
- alle Aufgabenblätter enthalten Infos, Empfehlungen, Hinweise auf Hilfsmittel, Sozialform etc.
- die Schüler führen ein 'Stationenbuch', in dem die einzelnen Stationen vermerkt sind

Durchführung

1. Einführung
   - bei einem Rundgang wird ein Überblick über die Lernstationen gegeben, dabei:
     - Pflichtbereich und Wahlbereich abklären
     - Leistungsbeurteilung klären

2. Arbeit an den Lernstationen
- ❑ Schüler legen ihre Präferenzen fest und beginnen mit der Arbeit
- ❑ die Ergebnisse werden schriftlich im 'Stationenbuch' festgehalten

Auswertung
- ❑ Individuell: Lösungen müssen vorliegen
- ❑ im Plenum durch die Präsentationen bzw. ein Rundgespräch

Tipps
- ❑ Mehr Aufgaben als Stationen vorbereiten!
- ❑ Die Lernstationen möglichst so gestalten, dass mit Kopf, Herz und Hand gearbeitet werden kann
- ❑ Genaue Arbeitsanweisungen und Zielvorgaben sind wichtig! Die Lernenden müssen mit dem Material weitgehend selbständig arbeiten können
- ❑ Zeitdruck vermeiden (Bearbeitung der einzelnen Aufgaben realistisch einschätzen: Weniger ist mehr!)
- ❑ Zeit zum Aufräumen lassen
- ❑ Das Material möglichst schön gestalten

Beispiel für Lernstationen
Die Aufgaben müssen auf die Zielgruppe: Alter, Vorkenntnisse etc. abgestimmt sein!

Thema: Vorbereitung auf den Besuch einer Messe in Leipzig

Lernstation 1
Material: Informationen über die Messe
Mögliche Aufgaben:
- ❑ 2 Messestände heraussuchen, die von der Gruppe besucht werden sollen (mit Begründung). Diese Betriebe und ihre Produkte den anderen anhand von Bildern präsentieren
- ❑ Piktogramme aus den Materialien versprachlichen

Lernstation 2
Material: Informationen über Leipzig (eventuell URLs)
Mögliche Aufgaben: (eventuell als Internet-Aufgabe):
- ❑ Eine preisgünstige Übernachtung für die Klasse heraussuchen
- ❑ Weg von dort zur Messe beschreiben

Lernstation 3
Material: Bausteine für geschäftliche Korrespondenz
Mögliche Aufgabe:

- ❑ Einen Brief an die Jugendherberge in Leipzig verfassen. Betreff: Buchung von Übernachtung für 2 Nächte für eine Gruppe von xx Personen
- ❑ Eine E-Mail verfassen

Lernstation 4
Material: Redemittel für Telefongespräche
Mögliche Aufgabe:

- ❑ Ein Telefongespräch über die Reservierung der Zimmer einüben und vorspielen und / oder auf Kassette aufnehmen

Lernstation 5
Material: Informationen über die Stadt Leipzig (eventuell URLs)
Mögliche Aufgaben: (eventuell über mehrere Stationen verteilt)

- ❑ Sehenswürdigkeiten der Stadt heraussuchen: ein Programm für kleinen Stadtrundgang planen und den anderen präsentieren
- ❑ Eine Collage ausgewählter Sehenswürdigkeiten machen
- ❑ Ein kleines Quiz über die Stadt für die anderen vorbereiten

Lernstation 6
Material: Lehrbuchlektionen zum Thema 'Messebesuch'
Mögliche Aufgaben:

- ❑ Typische Redemittel für ein Gespräch an einem Messestand raussuchen, üben und einen Dialog schreiben. Den Dialog den anderen vorspielen und / oder auf Kassette aufnehmen
- ❑ Eine Mind-Map zum Thema 'Messe' herstellen

Lernstation 7
Material: Grammatiken und Arbeits- / Übungsblätter
Mögliche Aufgaben:

- ❑ Alle W-Fragen raussuchen
- ❑ Eine Collage der W-Fragen machen

Metaplan / Moderationsmethode mit Karten- und Stellwandtechnik

Bei der Metaplan / Moderationsmethode handelt es sich um eine Form der Kommunikation, in der mit Mitteln der Visualisierung und der Gruppendynamik Meinungs- und Willensbildungsprozesse in Gruppen gestaltet werden.
Eine wichtige Funktion hat dabei der Moderator. Er leitet durch Fragen, Impulse, Zusammenfassungen, Spielregeln usw. den Interaktionsprozess. Jeder einzelne Teilnehmer soll sich dabei möglichst erfolgreich und in persönlich zufriedenstellender Weise in den Gruppenprozess einbringen können. Das verlangt von dem Moderatoren Sachkompetenz, Sensibilität für die verbalen und nonverbalen Botschaften der Teilnehmer. Selbstkontrolle und attraktive und anregungsreiche Gesprächsführung sind dafür die wesentlichen Voraussetzungen. Das alles muss in einem intensiven (meist mehrtägigen) Moderatoren-Training vermittelt und geübt werden.

In dem hier vorliegenden Rahmen: Moderation als Methode im handlungsorientierten Unterricht kann diese Methode nur beschränkt auf die wichtigsten Grundprinzipien und Verfahren dargestellt werden.

Für eine professionelle Moderation benötigt man eine Anzahl Stellwände und großes Papier, Karten in verschiedenen Größen, Formen und Farben sowie allerhand Materialien zum Visualisieren wie z.B. Filzstifte in verschiedenen Größen und Farben, Reißzwecken etc.

Als Lehrer in der Klasse kann man sich allerdings auch 'behelfen' mit: Packpapier, in verschiedene Formate geschnittenem buntem Papier oder anderen Zetteln, Karteikarten, Klebeband, Klebepunkten etc.

Didaktischer Ort / Funktion

- vorhandenes Wissen und Erfahrungen der Lernenden benutzen
- alle Lernenden sind aktiv am Arbeits-, Problemlösungs- und Entscheidungsprozess beteiligt
- Motivation steigern
- Merkfähigkeit steigern durch Tun und Visualisieren
- Kooperationsfähigkeit und Kommunikation, Kreativität und Interaktion werden gefördert

Verfahren / Methodische Organisation

Der Ablauf einer Moderation ist in 6 Phasen gegliedert

1. Einstieg
   - Ziele formulieren, Methodik klären
2. Themenorientierung
   - Thema / Problem in Form einer (präzisen) Frage festlegen
   - Karten verteilen
   - Kartenabfrage: Ideen sammeln, auf Kärtchen schreiben (pro Idee 1 Karte!)
   - Karten für alle sichtbar an die Pinnwand heften
   - Ideen ordnen nach inhaltlichen Schwerpunkten: clustern
3. Themenordnung
   - Themenspeicher anlegen
   - Themen 'gewichten': Teilnehmer geben mit Hilfe von Klebepunkten an, in welcher Reihenfolge, bzw. mit welcher Priorität die Themen bearbeitet werden sollen
4. Themenbearbeitung
   - Das Thema in Kleingruppen diskutieren, bearbeiten und für die Präsentation vorbereiten
5. Ergebnissicherung
   - Ergebnisse im Plenum vorstellen und zusammenfassen
   - Aktionsplan erstellen, Verantwortlichkeiten regeln
6. Abschluss
   - Gruppenprozess reflektieren, eventuell einen 'Meilensteinplan' für die Zielverfolgung beschließen

Das Rad der Moderation

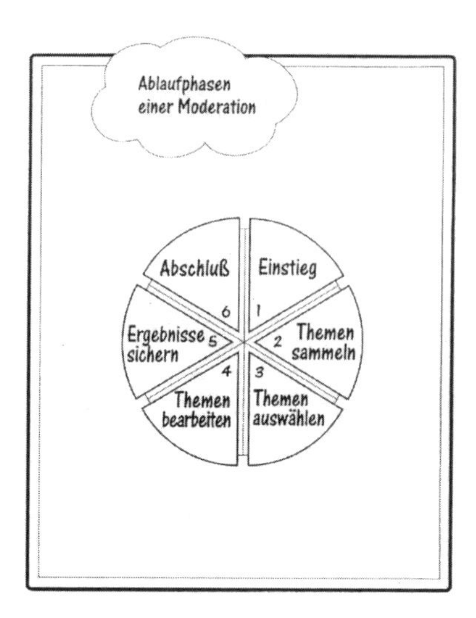

Beispiel für Themensammlung
(nach: Hoffmann/Langefeld 1998: 34)

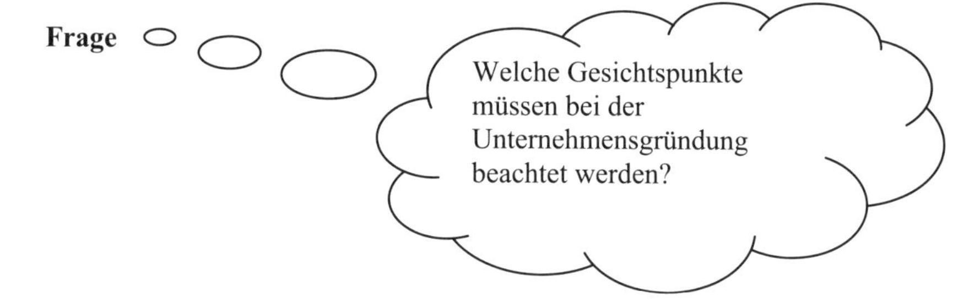

Beispiel für Themenordnung (clustern)

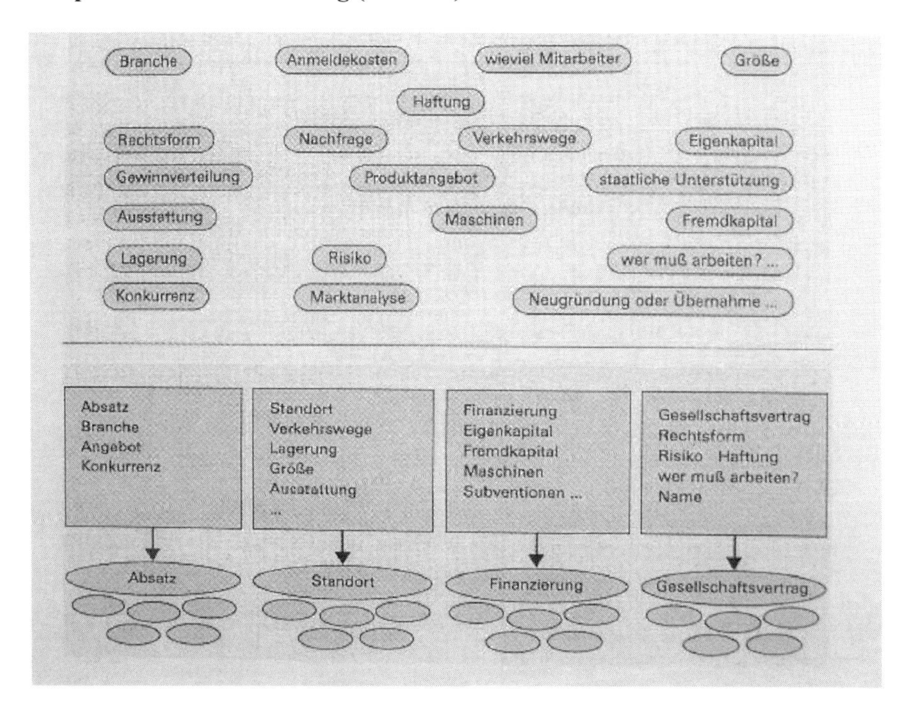

Beispiel für Themenauswahl mit dem Themenspeicher

Themenspeicher

Nr.	Thema	Punkte	Rang
1	Standort	● ● ●	3
2	Finanzierung	● ● ● ● ●	1
3	Absatz	● ●	4
4	Gesellschaftsvertrag	● ● ● ●	2

Beispiel für eine Zwei-Felder-Tafel

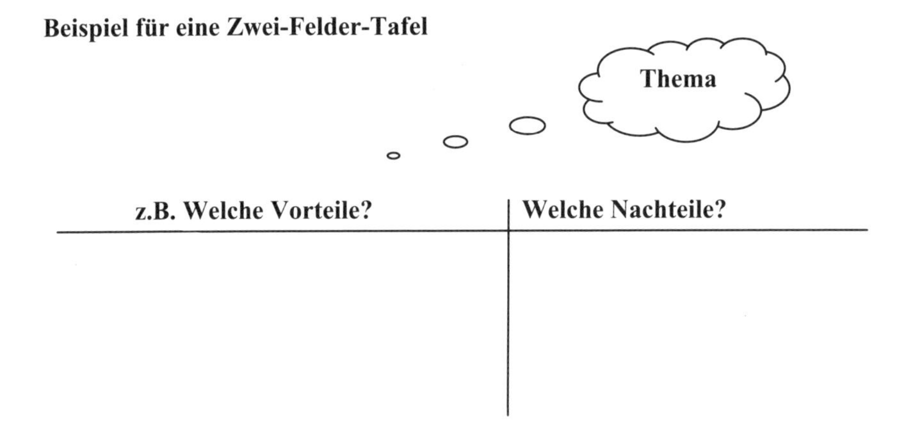

Beispiel für eine Vier-Felder-Tafel

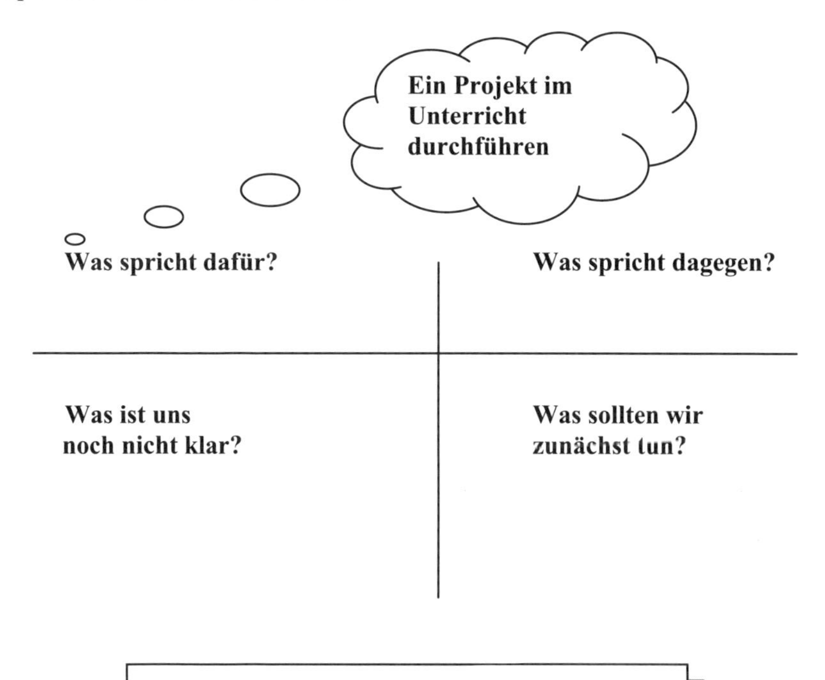

Mind-Map
(Gedankenkarte, Gedächtniskarte)

Zeit 15-20 Minuten (je nach Art des Einsatzes)

Didaktischer Ort / Funktion

- ❑ neue Gedanken entwickeln
- ❑ Stoff strukturieren lernen
- ❑ Assoziationsfähigkeit und Kreativität steigern
- ❑ Merkfähigkeit steigern
- ❑ Informationen verdichten und verknüpfen lernen
- ❑ planen, Notizen machen
- ❑ wiederholen, zusammenfassen
- ❑ Auswertung von Texten
- ❑ Themenzusammenhänge darstellen und erkennen
- ❑ Stoffsammlung, Gliederung für ein Thema machen
- ❑ Wortschatz in Zusammenhängen lernen

Verfahren / Methodische Organisation

- Regeln des Mind-Map erklären und an einem Beispiel erläutern
- Papier (DIN A 4, besser DIN A 3) im Querformat benutzen
- Thema / Leitgedanke in die Mitte des Blattes platzieren
- Druckbuchstaben verwenden (ist leichter lesbar!)
- Haupt- und Nebenäste anlegen
- Die Ordnungsstruktur vom Allgemeinen zum Besonderen, vom Oberbegriff zum Unterbegriff, von der Mitte nach außen aufbauen. D.h.: je weiter sich die Zweige von der Mitte entfernen, desto konkreter werden die Informationen
- den Hauptästen Themenkomplexe (Kategorien) zuordnen und Großbuchstaben verwenden
- auf Seitenäste Unterpunkte anbringen, Groß- und Kleinschreibung verwenden (zur Unterscheidung, kann durch Farben noch verstärkt werden)
- Substantive benutzen. Sie weisen die höchste Informationsdichte auf!
- Hinweise, Symbole, Bilder erleichtern das Behalten eines Mind-Map: je origineller, desto besser!
- Bei Platzmangel 'anbauen', Mind-Map ist grenzenlos ausdehnbar, indem weitere Papierbögen einfach angeklebt werden

Variationen:

- Gruppen- oder Klassen-Mind-Map
- Zuruf Mind-Map
- Zwei Schüler fertigen aus ihren individuellen Mind-Maps ein neues Mind-Map an

Tipp

Mind-Map ist gewöhnungsbedürftig!

Beispiele für Symbole und Zeichen

! besondere Aufmerksamkeit geboten!

🗓 Terminhinweis

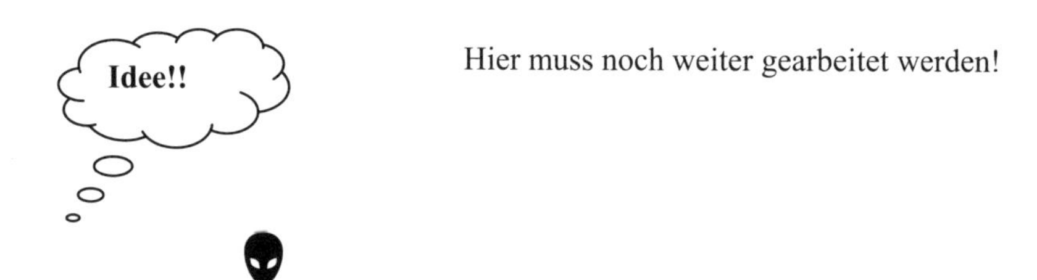

Hier muss noch weiter gearbeitet werden!

Aufpassen! Gefährlich!

Beispiel für ein Mind-Map

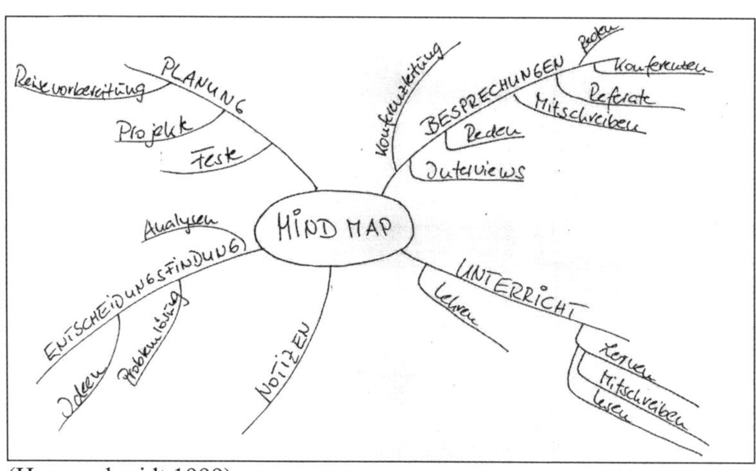

(Hugenschmidt 1999)

PRO und CONTRA

Zeit ca. 45 Minuten

Didaktischer Ort / Funktion

- diskutieren, argumentieren lernen
- aktives Zuhören üben
- ein Thema von zwei Seiten betrachten
- Wortschatz zu einem bearbeiteten Thema üben, wiederholen

Verfahren / Methodische Organisation

Phase 1

- Ablauf erklären
- Thema genau festlegen (Negationen vermeiden!) und für alle sichtbar aufhängen
- 2 Gruppen bilden
- PRO- und CONTRA- Seiten festlegen: z.B. PRO: linke Reihe – CONTRA: rechte Seite
- Protokollanten bestimmen. Er notiert auf (farbige) Kärtchen die Argumente
- der Lehrende übernimmt die Rolle des Moderators

Phase 2

- die PRO- und CONTRA-Gruppen setzen sich direkt einander gegenüber
- die Gruppen überlegen Argumente für ihre Position
- ein Mitglied der Gruppe PRO äußert sein erstes Argument
- sein Gegenüber der CONTRA-Gruppe reagiert direkt mit einem Gegenargument
- darauf antwortet der nächste PRO-Vertreter usw.

Phase 3

- die Rollen und die Plätze (wichtig!) werden getauscht, d.h.: die PRO-Gruppe wird die CONTRA-Gruppe und umgekehrt

Phase 4

- die vom Protokollanten notierten Argumente werden ausgewertet
- die wichtigsten Argumente jeder Seite werden hervorgehoben
- eventuell Fehlerkorrektur
- die Schüler sollten hier die Möglichkeit bekommen, ihre persönliche Meinung zu äußern

Beispiele für eine Pro-Contra-Diskussion
(für diese Diskussion eignen sich auch nonsens-Themen)

Thema 1:
"Bei der Arbeit an unserem Projekt werden die Leistungen der Gruppen bewertet."
Thema 2:
"Knoblauch ist gesund."
Thema 3:
"Alle Arbeitsbesprechungen werden in Zukunft im Stehen durchgeführt."

ANHANG

Zitate

Zitat 1:
(Jank/Meyer1994: 340)
Das folgende Gespräch kam vor einigen Jahren in der Oldenburger Innenstadt zustande, als einer der beiden Autoren eine größere Gruppe von SchülerInnen der 9. Klasse eines Innenstadtgymnasiums traf, die verbotenerweise in der großen Pause zum Brötchenkaufen gegangen waren:

Ich:	Ihr wißt doch, was Methoden sind?! – Die Formen und Verfahren, mit denen im Unterricht gelernt wird. Nun hab' ich eine Frage an euch: Welche Methoden benutzt ihr als Schüler im Unterricht?
Schüler:	Wie meinen Sie das?
Ich:	Die Art und Weise, wie ihr versucht, im Unterricht klarzukommen!
Schülerin:	Freundliches Gesicht machen und so tun, als ob man bei der Sache ist ...
Schüler:	Ja, genauso! Mit der Zeit kriegt man dann raus, wie man die einzelnen Lehrer behandeln muss. Wir haben da einen in Geschichte ...
Ich:	Aber das sind doch eher Lernverhinderungs-Methoden! – Ich wollte von euch wissen, wie ihr vorgeht, wenn ihr euch einen Unterrichtsinhalt aneignet!
Schüler:	Das ist doch die Aufgabe des Lehrers! Der muss uns das doch beibringen! Und beim einen schläfste eben ein und beim anderen geht's so halbwegs!

Zitat 2:
"Wenn du einen Menschen etwas lehren willst, wird er es niemals lernen." (J.B.Shaw)

Zitat 3:
Schüler lernen Inhalte, die wir ihnen als Unterrichtende vermitteln, nicht so, wie sie von uns gelehrt werden.

Baustein 3

Projektarbeit

Projekte kooperativ mit Lernenden und Fach-Kollegen planen und durchführen

Ziele und Inhalt des Bausteins

Wir beschreiben die Merkmale und Ziele der Projektarbeit und den idealtypischen Ablauf eines Projektes. Wir stellen verschiedene Umsetzungsmöglichkeiten und Varianten von projektorientiertem Unterricht vor sowie die Auswirkungen, Chancen und Grenzen dieser Methode in der Praxis. Im dritten Abschnitt geben wir konkrete Anregungen für die kooperative Planung und Durchführung von Projekten.

Projektarbeit: Was ist das?
Definitionen, Merkmale, Ziele

Projektarbeit: Das ist doch nichts Neues!
Richtig! Projektarbeit ist keineswegs neu. Vor ungefähr 100 Jahren entwickelte John Dewey diese Unterrichtsmethode in Amerika. Seit Ende der 70-er Jahre erlebt das Arbeiten mit Projekten im Schul- und Hochschulbereich - und da vor allem im Fachschul- und Fachhochschulbereich - einen erneuten Aufschwung. In einigen Ländern Europas ist Projektunterricht bereits fester Bestandteil in den Ausbildungs- und Lehrplänen.

Im Fremdsprachenunterricht führt der Projektunterricht bis jetzt vielfach noch ein Schattendasein, oft mit der Begründung, dass die begrenzten Fähigkeiten der Lernenden Projektunterricht unmöglich machen. Jedoch merkt man auch hier, dass das Interesse an dieser Methode zunimmt, dass eine steigende Bereitschaft besteht, es selbst einmal auszuprobieren (vgl.: Schwerdtfeger (2002) in ihrem Bericht über die Arbeit der Sektion 'Projektarbeit und Lernerkontakte' auf der Internationalen Deutschlehrertagung 1997 in Amsterdam).

Warum ist das so?
Auch hier liegt die Begründung wieder in dem schnellen Wandel der gesellschaftlichen, ökonomischen und technologischen Bedingungen, deren zukünftige konkrete Formen niemand vorhersagen kann. Wir wissen wohl, dass die Lernenden auf ein lebenslanges Lernen in der Informationsgesellschaft vorbereitet werden müssen. Dafür müssen wir ihnen ein hohes Maß an Mitgestaltungsmöglichkeiten und Chancen zu selbständigen und eigenverantwortlichem Lernen bieten. Warum eignet sich die Projektarbeit dazu? Dieser Frage wollen wir im Folgenden nachgehen.

Welche wesentlichen Merkmale kennzeichnen Projektarbeit?
In der Literatur findet man eine Vielzahl von Begriffen für 'Projektarbeit', z.B.: Projektunterricht, Lernen in Projekten, projektorientierter Unterricht, fächerübergreifender Unterricht, berufsorientierter Projektunterricht (BOP), handlungsorientierte Themenbearbeitung (HOT), Projektmethode, Projektaufgaben, Projektverfahren usw.
So unterschiedlich sich die Begriffsklärung auch in der Literatur darstellt, so ähnlich sind doch die Definitionen, Merkmale und Ziele, die diese Methode kennzeichnen.

Definition
Allgemein wird der Begriff 'Projekt' folgendermaßen beschrieben:

Ein Projekt ist ein "Lernvorhaben, bei dem die Lernenden einen komplexen Gegenstand möglichst im Team herstellen oder eine fest umrissene, praxisrelevante Aufgabe erfüllen" (Ott 1997: 203).
"In der Projektarbeit wird schüler- und handlungsorientierter Unterricht praktiziert, der nicht nur kognitiv, sondern auch emotional und praktisch ausgerichtet ist. Die Arbeit ist an bestimmten Bedürfnissen, Fragestellungen oder Problemlösungen orientiert; die Ergebnisse sollen einen Gebrauchswert für die Lernenden haben. Dabei wird ein möglichst wirklichkeitsnaher Rahmen bereitgestellt, der das Trainieren von Kommunikationsstrategien und Problembewältigungen in Alltagssituationen erlaubt" (Wicke 1995: 156).

Merkmale, die Projektarbeit generell und im berufsbezogenen Fremdsprachenunterricht charakterisieren
(Wir folgen hier verschiedenen Autoren: Gudjons, Dewey (zitiert nach Hugenschmidt), Krumm, Wicke, Schwerdtfeger, Landesinstitut für Erziehung und Unterricht: Handreichungen 96/44, Hänsel)

Projektarbeit ist praxis-, berufs- und interessenbezogen
Die Inhalte eines Projekts sind im Leben der Lernenden draußen vorzufinden. Das Projektthema ergibt sich aus praxisnahen beruflichen Situationen und aus den Fragestellungen der Lehrpläne, nicht aus dem logisch-abstrakten Aufbau der Fächer. Die Schule öffnet sich der Realität. Die Verbindung von Theorie und Praxis wird hergestellt. Aufgaben werden in ihrem komplexen Zusammenhang bearbeitet und begriffen. Die Fremdsprache wird in vielfältigen Erscheinungsformen erfahren (nicht in einer vom Lehrgang vorgeschriebenen grammatischen Progression). Durch den Praxis- und Berufsbezug wird die Einheit von Sprache und Handeln, von Sprache und Situation konkret erfahrbar. Bei der Festlegung des Projektthemas bringen die Beteiligten ihre Interessen ein.

Projektarbeit ist zielgerichtet
Jedem Projekt liegt ein Ziel zugrunde: die gemeinsame Lösung einer umfassenden Aufgabe. Bei dem Prozess der Zielfindung sind die Lernenden weitgehend beteiligt. Im Fremdsprachenunterricht muss dieses Ziel so gewählt werden, dass die jeweilige Sprache in kommunikativer Form (mündlich und/oder schriftlich) verwendet werden kann.

Projektarbeit fördert selbstbestimmtes Lernen
Die Lernenden haben eine möglichst große Selbständigkeit bei der Wahl des Projektthemas. Sie übernehmen selbstverantwortlich die Planung der Projektarbeit. Ziele und Verfahren werden gemeinsam festgelegt. Die Lernenden versuchen, mit ihren vorhandenen Sprachkenntnissen zurecht zu kommen. Sie recherchieren selbständig unter der Benutzung aller verfügbaren Hilfsmittel. In

regelmäßigen Abständen finden – geplant oder nach Bedarf – Reflexionsphasen statt, in denen die Erfahrungen und der Stand der Dinge mit den Lernenden besprochen werden. Daraus ergeben sich Kurskorrekturen, neue Ziele für das weitere Vorgehen. Der Lehrende ist dabei der sachliche Helfer. Der Sprachunterricht liefert die sprachlichen Mittel, die zur Lösung der Aufgabe nötig sind.

Projektarbeit ist produktorientiert

Projektunterricht ist immer auf die Erstellung eines Produkts gerichtet. Das kann ein sichtbares oder hörbares Ergebnis, (z.B. eine Website, eine Powerpoint-Präsentation, ein auf Kassette aufgenommenes Telefongespräch) oder eine Aktion (z.B. eine Ausstellung, eine Podiumsdiskussion) sein.
Dieses Produkt wird in angemessener Form und nach vorheriger Abstimmung über die Qualitätskriterien einer Öffentlichkeit vorgestellt und von ihr beurteilt. Durch die Produktorientierung werden die Lernenden zu kreativen Prozessen angeregt, in denen alle Beteiligten sich individuell einbringen können. Durch die Arbeit an einem Produkt ergibt sich in besonderem Maße die Gelegenheit, die Trennung von Kopf- und Handarbeit aufzuheben. In der Projektarbeit spielen Wissen, Erfahrung, Anschaulichkeit, Probehandeln mit allen Sinnen zusammen. Auch die schwächeren Lernenden haben dabei die Möglichkeit, sinnvoll an dem Produkt mitzuarbeiten.
Gerade die Erstellung eines Produkts ist im fremdsprachlichen Unterricht für Lernende und Lehrende ein großer Anreiz, ein Projekt durchzuführen. Spracharbeit vollzieht sich dabei in Form der Überarbeitung und Verbesserung des Produkts. Das geschieht in den Reflexionsphasen, in denen Fehlerkorrektur stattfindet, formale Strukturen, Wortschatz, Schreiben usw. trainiert werden.

Projektarbeit fördert soziales Lernen

Um gemeinsam das Ziel zu erreichen, das Problem zu lösen und ein Produkt zu erstellen, müssen die Gruppen zusammenarbeiten. Zusammenarbeit, gegenseitige Rücksichtnahme, Abstimmung der Ergebnisse, Kritik üben und erfahren, Informationsweitergabe, Festlegen und Einhalten von Verhaltensregeln werden in der Projektarbeit praktiziert.
Hier haben die Lehrenden eine andere Rolle als bisher: Sie treten als Berater bei möglichen Spannungen auf. Sie begleiten als Tutoren den Prozess der Zusammenarbeit.

Projektarbeit fördert Methodenlernen

Ein Projekt ist methodenpluralistisch. Durch die Formen der Auseinandersetzung mit der gestellten Thematik werden in immer wieder wechselnden Arbeits- und Sozialformen und Verfahren die Methoden praktiziert und trainiert, die die

Kommunikation, Kooperation, Problemanalyse und Problemlösung fördern (siehe Baustein 2 'Handlungsorientierte Unterrichtsmethoden').

Projektarbeit ist interdisziplinär
Die komplexe Struktur eines Projektthemas erfordert häufig eine Bearbeitung, die von verschiedenen fachlichen Aspekten ausgeht. Bei der Bearbeitung einer Aufgabe werden alle Wissenschaften (Fächer) herangezogen, die zur Lösung einen Beitrag leisten können. Ein Projekt ist im Prinzip immer fächerübergreifend.
Dabei ergeben sich für das fremdsprachliche Lernen ganz besondere Möglichkeiten: Der Erwerb und Gebrauch der Fremdsprache sind in ein sinnvolles Ganzes eingebunden und erhalten dadurch Authentizität. Mit der Fremdsprache werden gleichzeitig auch Fachinhalte vermittelt. Im berufsbezogenen Fremdsprachenunterricht ist eine Kooperation mit Fachkollegen wünschenswert, ja erforderlich!

Anmerkung:
Gegenstand unseres Projekts war die Begründung und Beschreibung von handlungsorientiertem Unterricht im fächerübergreifenden Fremdsprachenunterricht. Es war nicht unsere Aufgabe, die Frage zu klären, welchen Stellenwert Projektarbeit im Gesamtspektrum des fremdsprachlichen Lehrens und Lernens einnimmt. Es steht sicher außer Frage, dass auch traditionelle Formen des Lehrens und Lernens nach wie vor ihre Berechtigung und ihren Eigenwert behalten. Wo aber die Schnittstelle zwischen traditionellem, systemorientiertem Fremdsprachenerwerb und handlungsorientierter Projektarbeit verläuft, müssen wir weiterhin offen lassen. Dazu liegen bisher zu wenig systematische Untersuchungen vor.

Wie sieht Projektarbeit in der Praxis aus?
Varianten und Verlaufsphasen

Im Folgenden wollen wir mögliche Variationen und Verlaufsphasen der Projektarbeit beschreiben und die Auswirkungen der Projektarbeit auf den Fremdsprachenunterricht, ihre Chancen und Grenzen untersuchen.

Welche Variationsmöglichkeiten gibt es bei der Projektarbeit?
Der Phantasie sind beim Projektunterricht keine Grenzen gesetzt.

Kurz oder lang / Drinnen oder 'draußen'
Die Palette möglicher Projekte im Unterricht ist vielfältig und reicht vom Miniprojekt in der täglichen Unterrichtsstunde über Projekte, die mehrere Tage

oder Wochen dauern, und solche, die außerhalb der Schule stattfinden und sich bis ins Ausland erstrecken.
In den Schulen zeichnet sich zunehmend die Tendenz ab, Projekte im Block an mehreren Projekttagen oder in einer bzw. mehreren Projektwochen (4-6) durchzuführen.

Arbeitsteilig - oder: alle arbeiten an demselben Thema
Die Klasse wird in mehrere Gruppen eingeteilt, alle arbeiten am selben Thema, finden aber unterschiedliche Lösungen und erstellen unterschiedliche Produkte. Es ist auch möglich, dass die einzelnen Gruppen unterschiedliche Aspekte eines Themas bearbeiten. Die erste Form ist in der Praxis die üblichere.

Eine Klasse / ein Jahrgang - oder klassen- / jahrgangübergreifend
Ein Projekt kann mit nur einer Klasse, zusammen mit einer anderen Klasse in derselben Schule oder einer Klasse einer anderen Schule (eventuell im Ausland), mit demselben Jahrgang oder jahrgangübergreifend durchgeführt werden.

Virtueller oder realer Austausch
Immer mehr Schulen sind am Netz; darum werden immer mehr E-Mail-Projekte durchgeführt. Im Fachschulbereich werden auch vermehrt virtuelle Miniunternehmen gegründet, die über Internet mit anderen Miniunternehmen korrespondieren und virtuell im- und exportieren oder Dienstleistungen erbringen. Der offizielle 'Europäische Übungsfirmenring' (EUROPEN: European Practice Enterprises Network. *In Deutschland befindet sich die Zentralstelle der Übungsfirmen (ZÜF) in Essen –)* bietet dafür einen Struktur- und Organisationsrahmen. Diese Organisation veranstaltet auch regelmäßig Messen. Oft führen virtuelle Projektkontakte bei den Schülern zu dem Wunsch, die Projektpartner persönlich kennen zu lernen. Es gibt verschiedene Möglichkeiten, für Schulbesuche und Austauschprogramme finanzielle Unterstützung zu bekommen. (Informationen darüber erhält man z.B. bei den Nationalen Agenturen der jeweiligen Länder.)

Mit Muttersprachlern oder mit Lernenden derselben Zielsprache
Es wird oft als ein Vorteil bezeichnet, wenn Fremdsprachen-Projekte mit Partnern durchgeführt werden, für die die Zielsprache auch die Fremdsprache ist. So hat keine Gruppe den Vorteil der Muttersprache. Die Zielsprache ist die Arbeitsprache.
Für einen muttersprachlichen Partner spricht der direkte Kontakt mit Personen aus dem Land der Zielsprache, und damit verbunden die Möglichkeit des unmittelbaren interkulturellen Lernens. Bei solchen Projekten muss bei der Vorbereitung jedoch darauf geachtet werden, dass beide Partner von dem Projekt in irgendeiner Form profitieren und lernen, d.h. dass der muttersprachliche

Partner nicht ausschließlich als authentische Quelle oder Korrektor 'missbraucht' wird.

'Brigitte ist Brigitte' - oder: Brigitte ist 'Managementassistentin'
Bei der Arbeit an einem Projekt können die Lernenden als sie selbst arbeiten oder in eine Rolle schlüpfen, in der sie in der Situation die Aufgabe zu bewältigen haben.
Das Spielen einer Rolle kann den Realitätsgehalt eines Projektes manchmal verstärken. Das hängt jedoch vom Thema, von der Situation und von den Lernenden ab.

Die Projektinitiative geht von den Sachfächern aus - oder: die Initiative geht vom Fremdsprachenlehrer aus
Projektarbeit ist in einigen Ländern bereits in den Lehr- oder Ausbildungsplänen verankert. Das heißt meistens, dass Projekte in der Ausgestaltung eines Lernfeldes sachfächerübergreifend geplant und durchgeführt werden. Nur selten sind die Fremdsprachen in das Projekt mit einbezogen. In den meisten Fällen steht die Fremdsprache im Abseits. Der Lehrer kann sich in irgendeiner Form mit seinem Fach an das Projekt 'dranhängen', oder er muss sich mit viel Energie und Durchsetzungsvermögen eine Position innerhalb des Projektes erobern. In beiden Fällen ist es wichtig, sich selbst und anderen bewusst zu machen, welchen Beitrag die Fremdsprache zur Lösung des Themas leisten kann, wie und welche fremdsprachlichen Ziele in die Lösung der Projektaufgabe sinnvoll integriert werden können.
Es kann auch schon ein Schritt zur Integration sein, wenn der Fremdsprachenlehrer sich von Anfang an bei der Planung von Projekten beteiligt. Ein anderer Weg wird in Teil 1: 'Dokumentation der Unterrichtsprojekte' beschrieben. Hier ging die Initiative vom Fremdsprachenlehrer aus. Dieser suchte sich für die Zusammenarbeit einen Fachkollegen.

Wie sieht der 'typische' Ablauf eines Projekts aus?
Der Ablauf eines Projektes vollzieht sich – idealtypisch - in den folgenden Phasen
(Wir folgen hier: Hugenschmidt, Jank/Meyer, Landesinstitut für Erziehung und Unterricht Stuttgart, Handreichungen H-96/44):

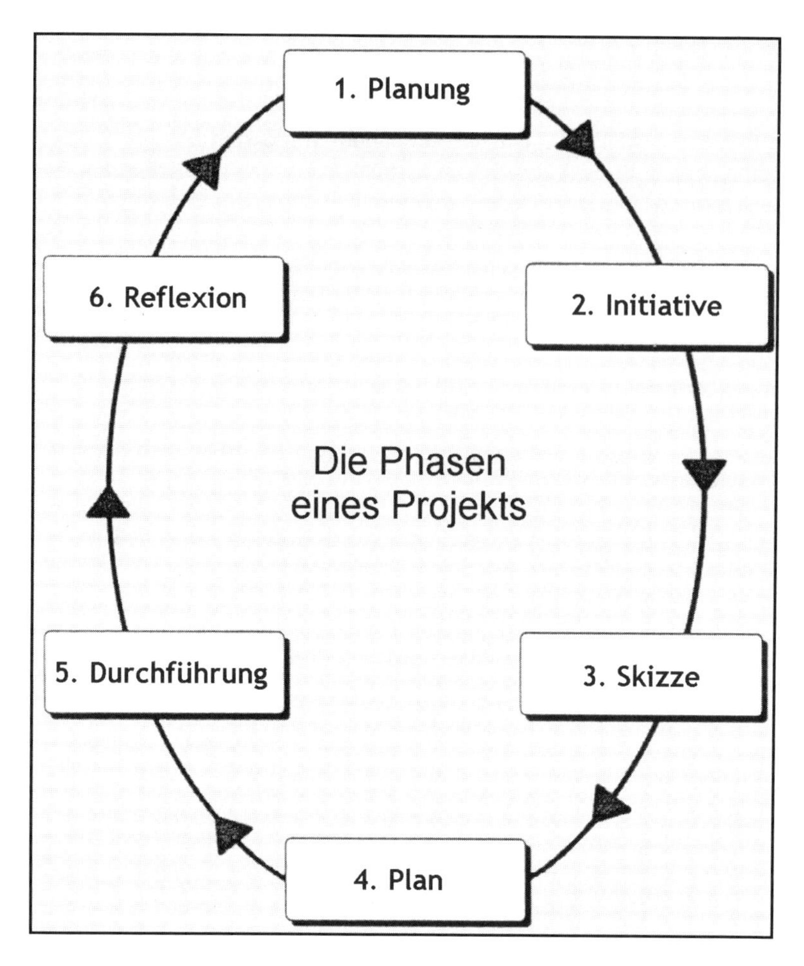

Nicht immer sind alle Schritte erforderlich. Die hier angeführten Projektschritte bezeichnen die Hauptschritte im zeitlichen Ablauf eines Projekts.

Ablauf eines Projekts

1. Projektplanung

Projektinitiative

- Wir treffen eine vorläufige Entscheidung über ein Arbeits- / Projektthema.
- Wir klären, welche Vorgaben durch Richtlinien, Lehrbücher usw. gegeben sind.
- Wir wählen gemeinsam mit den Lernenden aufgrund dieser Vorgaben und aufgrund der Praxisnähe, des Berufsbezugs und der Schülerinteressen ein Thema.
- Wir sammeln Ideen.

Projektskizze

- Wir halten die Projektidee schriftlich fest.
- Die Lernenden setzen sich mit der Idee auseinander, äußern Interessen und Betätigungswünsche. Sie klären, was sie bereits zu dem Thema wissen, welche Informationen sie noch benötigen.
- Die Lernenden entwerfen eine Projektskizze mit ersten Notizen über Zeitbedarf, Materialien, Möglichkeiten der Zusammenarbeit, erste Fragestellungen usw.

Projektplan

- Die Lernenden arbeiten in Gruppen und planen
  - das Endprodukt, bzw. die Abschlussaktion,
  - den Arbeitsplan: Wer, wie, was, warum?,
  - die Projektschritte mit Zeitplanung,
  - die notwendigen organisatorischen Hilfsmittel.
- Die Lernenden treffen mit uns Zielvereinbarungen.

2. Projektdurchführung

Ausführung des Arbeitsplanes durch die Beteiligten (Lernende, Lehrende, Arbeitsgruppen usw.)

- Die Gruppen organisieren ihre Tätigkeiten und erstellen Gruppenarbeitspläne.
- Die Lernenden beschaffen sich Material, sichten, studieren und bearbeiten es einzeln oder in Gruppen.
- Sie üben Techniken ein.
- Sie wenden Eingeübtes an.
- Sie erproben die Präsentation, korrigieren, wo nötig.

Fixpunkte (geplant oder bei Bedarf in den Ablauf eingeschoben)

- Wir koordinieren die Tätigkeiten.
- Wir schieben notwendige Wissens- bzw. Informationsvermittlung ein.
- Wir besprechen das Teilprodukt: Wir korrigieren und geben es eventuell zur Überarbeitung zurück oder suchen neue Ideen.
- Wir arbeiten Beziehungsprobleme auf.

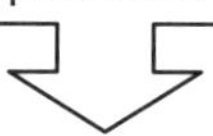

3. Projektabschluss und Reflexion

- Die Lernenden stellen die Produkte vor, führen die geplante Aktion durch.
- Wir reflektieren die geleistete Arbeit: Sind die Ziele erreicht?
- Wir besprechen die Zusammenarbeit, den Lernprozess, die Erfolge, den eigenen Arbeitsanteil in der Gruppe.
- Die Lernenden machen Verbesserungsvorschläge.
- Eventuell findet eine Bewertung nach vorher festgelegten Kriterien statt.

Auswirkungen der Projektarbeit auf den Fremdsprachenunterricht Chancen und Grenzen

Welche positiven Auswirkungen / Effekte hat Projektunterricht?
In der Literatur und in Erfahrungsberichten von Lehrern, die im Fremdsprachunterricht Projekte durchgeführt haben, werden wiederholt die folgenden positiven Effekte des Projektsunterrichts genannt:

Positive Auswirkungen auf die Lernenden und Lehrenden
Die Lernenden sind motivierter und das Lernen macht mehr Spaß. Weil die Fremdsprache in realistische, praxisnahe Berufssituationen eingebettet ist, erleben sie eine sinnvolle Anwendung der Sprache. Die Relevanz des Fremdsprachenunterrichts wird einsichtig.
"Der größte Gewinn für die Lernenden besteht in der Erfahrung, dass sie mit fremdsprachlichen Kenntnissen, und seien sie auch noch so rudimentär, bereits ohne auf den Lehrenden angewiesen zu sein, selbstgestellte Aufträge erfüllen können. Die Lernenden erleben, dass sie eigene Ideen haben und diese vor allem auch in der Fremdsprache umsetzen können" (Schwerdtfeger 1999: 6).
Die Lernfragen ergeben sich aus der Fragestellung des Projekts und aus dem Endprodukt und werden nicht vom Lehrbuch oder vom Lehrer gestellt.

Rollen und Aufgaben der Lehrenden und Lernenden
Lernende und Lehrende haben veränderte Rollen und Aufgaben.
Die Lernenden arbeiten in einem Projektteam, sind 'Projektmitarbeiter' und arbeiten gemeinsam an einem klar definierten Ziel. Dabei benutzen sie alle Hilfsmittel und Hilfestellungen, die ihnen zur Verfügung stehen, dazu gehört auch die Unterstützung von Experten.
Die Lehrenden sind 'Experten' und 'Trainer' in ihrem Fach und können und sollten auch 'Tutoren' bei der Begleitung des Lernprozesses sein. Das Unterrichten wird ein 'Training' der Projektmitarbeiter. Auch durch diese veränderte Terminologie wird eine Realitätsnähe hergestellt, wodurch die Lernenden ihre Aufgabe und Arbeit im Projekt in der Regel sehr ernst nehmen.

Beziehung der Kollegen untereinander
Bei fächerübergreifenden Projekten bilden die Lehrenden kooperative Teams mit klar umschriebenen Zielen. Dabei lernen sie voneinander und ergänzen die Bilder des eigenen Faches und die des Fachkollegen. Der Fremdsprachenlehrer, ein gut ausgebildeter Linguist, aber oft ohne Erfahrungen in der beruflichen Realität und Praxis, erhält eine stärkere fachinhaltliche Sicherheit.

Außerdem ist es leichter, innovative Methoden in die Praxis umzusetzen und eventuell die Schulleitung, die Eltern etc. zu überzeugen, wenn man Projekte als Team kooperativ plant und durchführt.

Positive Auswirkungen auf den Lernprozess
Projekte befriedigen das Bedürfnis nach aktivem, selbständigem und erfahrungsbetontem Lernen, das Spaß macht (vgl. Wicke 1997). Das Lernen in Projekten vermittelt Erfolgserlebnisse auch für die schwächeren Lerner.

ICT und interkulturelles Lernen
Informations- und Kommunikationstechnologie (ICT) wird ein natürliches integriertes Mittel im Lernprozess. Die Lernenden benutzen authentische Quellen aus dem Internet und erfahren so auch bei nicht länderübergreifenden Projekten kulturspezifische Aspekte ihres Berufs in der eigenen und in der Zielkultur.

Kompetenzenlernen
Durch das Lernen in Projekten wird – neben der Fachkompetenz – die Methoden- und Sozialkompetenz der Lernenden verstärkt entwickelt. Die komplexen Lern- und Arbeitsformen und die Produktorientiertheit bei der Projektarbeit fördern den Erwerb von Qualifikationen, wie z.B. Arbeit im Team, problemlösendes Denken, Denken in komplexen Zusammenhängen, Kreativität u.a.
Kurz: Projektunterricht ist anspruchsvoller und abenteuerlicher als traditioneller Unterricht. Er ist aber auch motivierender und macht mehr Spaß.

Auf welche Probleme / Stolpersteine sollte man vorbereitet sein?
Natürlich können Projekte auch scheitern. Berichte von Kollegen (siehe Schwerdtfeger 1999) bestätigen jedoch, dass Lehrende und Lernende oft gerade aus einem Scheitern wichtige Erfahrungen sammeln, die sich im weiteren Unterricht günstig auswirken können. Ein gescheitertes Projekt ist keine vertane Zeit, sondern bietet die Möglichkeit, wichtige Einblicke zu erlangen (Schwerdtfeger 1999: 13).

- ❑ Auf einige Probleme und Hindernisse kann man sich jedoch vorbereiten und eventuell bei der Planung von Projekten im Vornherein mit berücksichtigen:
- ❑ Die Fremdsprache wird bei der Planung eines Projektes nicht mit einbezogen. Der Fremdsprachenlehrer muss sich seine Position, d.h. den Stellenwert seines Faches innerhalb eines Projekts 'erobern'.
- ❑ Unverständnis, Neid, Missgunst seitens Kollegen, Vorgesetzten, Eltern.
- ❑ Nicht jeder Unterrichtsstoff ist in einem Projekt vermittelbar.
- ❑ Die Fremdsprache bleibt auf der Strecke. In den Gruppen wird die Muttersprache gesprochen.

- Der Umgang mit Fehlern in der Fremdsprache: Korrektheit versus Geläufigkeit.
- Die Bewertung der Leistungen, der Produkte, der Kompetenzen, Notenerstellung (pro Gruppe / individuell) muss angepasst und transparent gemacht werden.
- Die Festigung des Unterrichtsertrags ist nicht sofort abprüfbar.
- Die Begeisterung der Schüler schwappt über.
- Lernende und Lehrende spüren Unzufriedenheit bei der Rückkehr zum Lehrbuch.
- Der materielle Aufwand ist groß (Geräte, Medien, Stifte, Plakate ...).
- Es gibt leichter technische Probleme (Medien, verstelltes Mobiliar ...).
- Der organisatorische Aufwand ist groß.
- Die Zusammenarbeit und Informationsvermittlung in den Gruppen funktionieren nicht: Der eine weiß nicht, was der andere getan hat.
- Es gibt immer Rückschläge und schlechte Tage.

Viele Hindernisse und Probleme können durch Training, sorgfältige Vorbereitung und Planung weitgehend vermieden werden. Man sollte sich bewusst sein, dass erfolgreiche Projektarbeit nicht von selbst verläuft. Lernende und Lehrende müssen Erfahrungen haben in handlungsorientierten Methoden (siehe Baustein 2 'Handlungsorientierte Unterrichtsmethoden').
Selbständig und ohne Aufsicht in Gruppen zusammenarbeiten können, ist dabei die Mindestvoraussetzung. Es muss auch gelernt werden, verschiedene Lern- und Arbeitstechniken, Präsentationstechniken usw. anzuwenden. Das muss in (Kooperation mit) anderen Fächern vorgeschaltet und / oder im eigenen Unterricht Schritt für Schritt vermittelt und trainiert werden (Beispiele hierfür aus der Praxis befinden sich in Baustein 1 'Handlungsorientierter Unterricht: didaktisches Konzept').
Um als Fremdsprachenlehrer dazu in der Lage zu sein, diese Kompetenzen, Methoden und Techniken zu vermitteln, müssen diese Inhalte verstärkt in die Aus- und Fortbildung aufgenommen werden. Die Lehrenden müssen selbst die Kompetenzen entwickeln, die sie später ihren Lernenden weitervermitteln wollen oder sollen.

Praktische Tipps für die kooperative Planung und Durchführung von Projektarbeit im Fremdsprachenunterricht
Beispiele

Praktische Tipps
Projekte sind als 'offenes' Lernen nur zum Teil planbar. Trotzdem lassen sich gemeinsame Planungselemente und Projektabschnitte nachzeichnen, denen die folgenden Fragen zugeordnet werden können.

Zusammen mit Kollegen ein Thema, eine Aufgabe finden
Wir klären:
- ❑ Was steht im Lehrplan?
- ❑ Wie können wir fremdsprachliche Ziele sinnvoll integrieren?
- ❑ Schließt das Thema an die Interessen der Lernenden an?
- ❑ Ist das Thema berufsrelevant, praxisnah?

Planung der Inhalte, Ziele, Bewertung, Kommunikation
Wir überlegen und legen fest:
- ❑ Welcher Termin, zeitliche Rahmen ist geeignet?
- ❑ Welche Inhalte / Fächer wollen wir berücksichtigt?
- ❑ Wer macht was? Wir erstellen eine Arbeits- und Aufgabenplan mit konkreten Zeitangaben.
- ❑ Welche Informationen, Instruktionen sind nötig?
- ❑ Welche Methoden, Arbeitsformen sind bekannt oder müssen eingeführt werden? (Brainstorming, Gruppenarbeit ...)
- ❑ Wie erarbeiten wir mit den Schülern Regeln und Sanktionen?
- ❑ Welche Hilfen (Hilfsmittel, Geräte, ...) werden benötigt, um die Projektziele zu erreichen?
- ❑ Wo und von wem sind die erforderlichen Informationen, Geräte, Materialien, Hilfen erhältlich?
- ❑ Wie / von wem werden sie bereitgestellt?
- ❑ Welche sprachlichen Mittel müssen verfügbar sein oder bereitgestellt werden, um die sprachlichen Aufgaben lösen zu können? Wo finden wir Material für Übungen und Aufgaben?
- ❑ Bewerten wir die Leistung? Wenn ja: In welcher Form und anhand welcher Kriterien? Wird 'nur' das Gruppenergebnis bewertet oder auch die individuelle Leistung? Wie geschieht die Punkte- Notenvergabe?
- ❑ Wie werden die Arbeitsergebnisse / Produkte möglicherweise präsentiert? Was ist dafür erforderlich?
- ❑ Welche Qualitätsansprüche stellen wir an die Produkte, wenn diese der Öffentlichkeit präsentiert werden?

- Welche (ICT-) Foren setzen wir für die Regelung der internen Projektkommunikation ein (z.B.: e-project, Basic Support of Cooperative Work o.ä.)?

Fixpunkte für Training und Tutoring

- Wir erstellen ein Zeitraster, in dem Termine für die Fixpunkte festgelegt werden. Darunter verstehen wir Kontaktmomente für
- *inhaltliches Training*
- Das geschieht durch Instruktionen durch den Fremdsprachenlehrer, hier der 'Experte'. Er gibt ein Feedback auf das 'Zwischenprodukt' bezüglich Sprachgebrauch und Fertigkeiten. Wenn das Zwischenprodukt den Anforderungen entspricht, erhält die Gruppe 'Grünes Licht', sie kann nach eventuellen Verbesserungshilfen weiterarbeiten. Bei 'Rotem Licht' muss das Produkt 'repariert' werden. Eventuell müssen verstärkte Instruktionen eingeschoben werden. Das persönliche Sprachdossier (Personal Language Organizer) mit relevantem Wortschatz und Redemitteln, die die Lernenden aus den Materialien entnommen haben, wird besprochen (siehe Baustein 1 'Handlungsorientierter Unterricht: didaktisches Konzept').
- *prozessbegleitendes Tutoring*
- Der Lernprozess wird anhand folgender Fragen besprochen:
- Liegen wir im Zeitschema? Wie kommen wir voran? Brauchen wir noch Hilfe? Sind die Aufgaben gut verteilt? Wissen wir voneinander, was wir tun? Wie ist die Stimmung in der Gruppe? usw.
- Dieses Tutoring kann auch vom Fremdsprachenlehrer übernommen werden.

Für die folgenden Gesprächskonstellationen müssen Termine für Fixpunkte festgelegt werden:

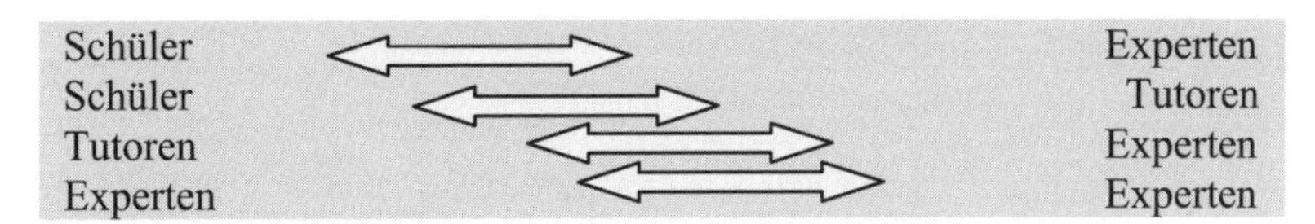

Auswertung und Bewertung
(Beispiele für die Leistungsbewertung befinden sich in Baustein 1 ‚Handlungsorientierter Unterricht: didaktisches Konzept')

Schon bei der Planung sollte man mit den Lernenden und den Kollegen überlegen, was und wie beurteilt und bewertet werden soll, z.B.:
Wie war / waren

- der Umfang der geforderten Kenntnisse, Fähigkeiten und Fertigkeiten? (In Theorie und Praxis),
- die sachliche Richtigkeit bei der Arbeit,
- die Gründlichkeit bei der Arbeit,
- die Nutzung der zugelassenen Hilfsmittel,
- der Grad der Selbständigkeit bei geforderten Leistungen,
- die Art der Präsentation,
- das soziale Verhalten in den Gruppen,
- die Motivation und das Engagement während des Projekts.

ANHANG

Beispiele für den Unterricht

Beispiel 1: Themenfindung
nach der Metaplan-Methode

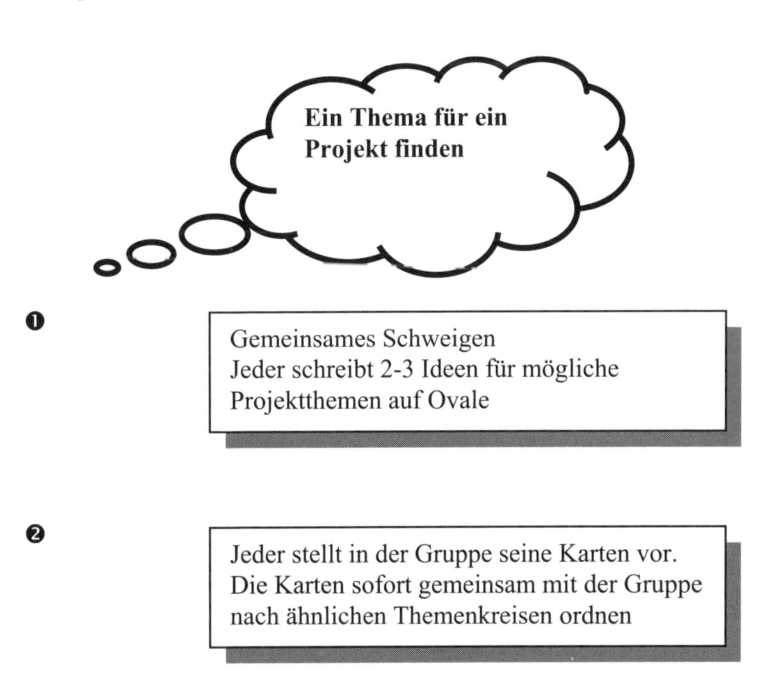

Beispiel 2: Aktionsplan

wer erarbeitet	was	mit wem	bis wann	wie

Beispiel 3: Tipps für eine erfolgreiche Präsentation

Regeln für die gute Präsentation

Lampenfieber? Eine gute Vorbereitung schafft Sicherheit!
Bei Nervosität nochmals tief durchatmen.
Frei und deutlich sprechen und dabei die Zuhörer freundlich anschauen.
Abkürzungen / Fremdwörter erklären.
Am Anfang der Präsentation kurz den groben Ablauf erläutern und die Leitfragen anschreiben.
Die Darlegungen gut veranschaulichen.
Plakate und Folien nicht überladen, leserlich schreiben: Druckbuchstaben!
Den Vortrag so kurz wie möglich halten, aber trotzdem interessant gestalten.
Eventuell Arbeitsblätter für die Zuhörer anfertigen.
Während des Vortrags Zeit für Pausen lassen, in denen Fragen gestellt werden können.

(vgl. Klippert 1999)

Beispiel 4: Verhaltensregeln bei der Gruppenarbeit
Diese Regeln werden nicht vorgegeben, sondern gemeinsam erarbeitet.

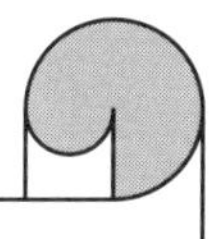

Gute Gruppenarbeit verlangt, dass...

- einer dem anderen hilft und Mut macht
- wir andere Meinungen tolerieren und akzeptieren
- wir zuhören und aufeinander eingehen
- wir persönliche Angriffe und Beleidigungen vermeiden
- kein Gruppenmitglied links liegen gelassen wird
- jeder mitmacht und sein Bestes gibt
- das Thema/die Aufgabe beachtet wird
- wir zielgerichtet arbeiten und diskutieren
- wir auftretende Probleme offen ansprechen
- jeder Zugang zu allen Informationen hat,
- wir andere Meinungen aufschreiben und in einem Ideenspeicher festhalten.
- jeder die aufgestellten Regeln beachtet

(Klippert 1999: 179)

Beispiel 5: Handlungsprodukte

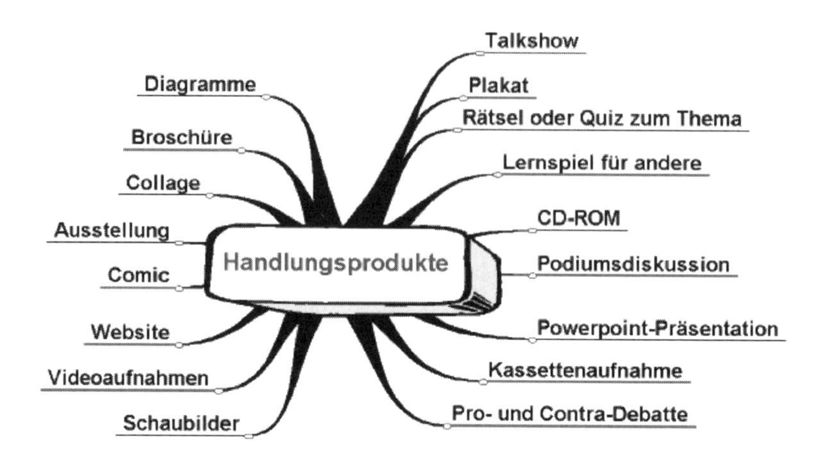

Beispiele 6: Evaluation / Manöverkritik

Beispiel 6.1

Was haben wir gemacht?
Wie haben wir es gemacht?
Warum haben wir es so gemacht?
Welche Kompetenzen waren dafür erforderlich?
Welche Rollen haben wir bei der Projektarbeit übernommen?
Welche Erfahrungen haben wir gemacht?
Welche Alternativen hätte es gegeben?

(vgl. Wicke1997)

Beispiel 6.2

☺ Gut fand ich__________/ Gefallen hat mir______________

☹ Schlecht fand ich__________/ Nicht gefallen hat mir___________

👍 Verbessern würde ich__________________________

Man kann diese Fragen ganz offen stellen oder verschiedene Aspekte anhand dieser Fragen bewerten lassen.

Beispiel 6.3
Bitte kreuzen Sie an:

	☺ Gut fand ich	☹ Schlecht fand ich	👍Verbessern würde ich
Gruppenarbeit			
Selbständigkeit			
Disziplin			
NICHTS			
Thema			
Zeitdruck			
Erklärungen			
Präsentation			
Dauer des Projekts			
Lehrer			
Informationen			
Hilfsmittel			
Material			

Beispiel 7: Beurteilungskriterien für Methoden- und Sozialkompetenz
(zusammen mit dem Fachkollegen zu bearbeiten)

Kriterienraster zur Beobachtung und Bewertung der Fach- Methoden- und Sozialkompetenz.

Name:__________ Vorname:__________ Klasse:_________

	In welchem Maße kann der Schüler	+++ = sehr gut erreicht ++ = gut erreicht + = erreicht, aber mit Mängeln 0 = nur ansatzweise erreicht - = nicht erreicht
Fachlich, inhaltliche Kriterien		
	Lernergebnisse sach- und fachgerecht darstellen und auf Richtigkeit überprüfen	
	Arbeitsschritte in einer Zeiteinheit selbständig oder im Team planen und durchführen	
	fachspezifische Arbeitsmittel nutzen	
	Zusammenhänge zu anderen Themenbereichen erkennen und darstellen	
	neue Ideen in den Unterricht einbringen	
	Wesentliches von Unwesentlichem unterscheiden	
Methodische / strategische Kriterien		
	Informationsmaterial beschaffen, auswerten, interpretieren usw.	
	Grundlegende, im Unterricht erarbeitete	

	Methoden und Arbeitstechniken zielgerichtet anwenden	
	Ideen, Gedanken-Texte vortragen, bzw. Ergebnisse präsentieren	
Sozial- / Verhaltenstech-nische Kriterien		
	Vereinbarte Gesprächsregeln akzeptieren und einhalten	
	eigene Meinungen mit Argumenten begründen	
	auf Widersprüche angemessen reagieren	
	Aufgaben in einer Arbeitsgruppe übernehmen, die Arbeit maßgeblich mitgestalten, voranbringen, sein eigenes Verhalten reflektieren	
	Konflikte erkennen und nach möglichen Lösungen suchen	

(nach: Landesinstitut für Erziehung und Unterricht Stuttgart H-1997: 31)

Zitate

Projektarbeit im Fremdsprachenunterricht für Anfänger ist unmöglich.

Projektunterricht ist im Verhältnis zu dem, was dabei herauskommt, viel zu zeitaufwendig.

Die Schüler lernen beim Projektunterricht nichts.

Projektunterricht ist motivierend und macht mehr Spaß.

Baustein 4

Internationalisierung und interkulturelles Lernen

Länderüberschreitende Projekte planen und durchführen

Ziele und Inhalt des Bausteins
Wir erläutern das didaktische Konzept: Hintergründe, Merkmale, Ziele und Inhalte des interkulturellen Lernens in internationalen Projekten, und zeigen besondere Aspekte der internationalen Kooperation bei der Planung und Durchführung von Projekten. Wir stellen Kriterien für eine erfolgreiche grenzüberschreitende Projektarbeit zusammen und zeigen anhand von Fragen Möglichkeiten für die Umsetzung in die Praxis des interkulturellen Lernens auf. Konkrete Beispiele sollen Anregungen für Verfahren geben, mit denen interkulturelle Kompetenz im Unterricht entwickelt werden kann. Chancen und Grenzen des interkulturellen Lernens in internationalen Projekten werden aufgezeigt.

Aufbau des Bausteins

Theoretischer Rahmen
Internationalisierung – Interkulturelles Lernen: Was versteht man darunter?
Didaktisches Konzept: Gründe, Definitionen / Merkmale, Ziele, Inhalte

Umsetzung in die Praxis
Welche Verfahren und Strategien fördern das interkulturelle Lernen besonders?
Welche Voraussetzungen müssen für eine erfolgreiche internationale Projektarbeit und interkulturelles Lernen in der Praxis erfüllt werden?

Anregungen und Beispiele für die Praxis
Wie geht interkulturelles Lernen konkret?
Konkrete Beispiele für interkulturelles Lernen im Rahmen von internationalen Projekten.
Vorteile / Möglichkeiten und Grenzen / Probleme

Anhang
Zusatzmaterial

Internationalisierung – Interkulturelles Lernen: Was versteht man darunter?

Didaktisches Konzept: Gründe, Definitionen / Merkmale, Ziele, Inhalte
Angesichts der Globalisierung und Internationalisierung von Wirtschaft und Gesellschaft steigen die Anforderungen an die 'interkulturelle Kompetenz' der zukünftigen Mitarbeiter in allen Ländern der EU. Vor allem in Ausbildungsgängen, die auf internationale berufliche Kontakte mit Menschen aus anderen Kulturen vorbereiten, ist das interkulturelle Lernen von großer Bedeutung. Darum ist es um so erstaunlicher, dass in den Lehrplänen die interkulturelle Dimension als integrierter Bestandteil für alle Fächer noch so wenig explizit aufgenommen und auch in den fremdsprachlichen Lehrplänen unterentwickelt ist. Dabei kann doch gerade der Fremdsprachenunterricht einen entscheidenden Beitrag zur Entwicklung dieser Kompetenz leisten. Denn Sprachenlernen ist eine Entdeckungsreise in andere Kulturen, und länderübergreifendes Lernen ist zugleich auch immer interkulturelles Lernen. Die interkulturelle Dimension des Fremdsprachenunterrichts ermöglicht es, Kommunikationsprozesse aktiv und unter Einbeziehung der kulturspezifischen Variation hinsichtlich all dessen zu gestalten, was wir gemeinhin als von Kultur beeinflusst fassen: Kommunikationsregeln, Wertvorstellungen, Arbeitsstile usw. Dadurch können Synergie-Effekte in der internationalen Zusammenarbeit gefördert werden.

Was versteht man unter dem Begriff 'interkulturelles Lernen‘, welche Ziele wollen wir mit der Entwicklung der 'interkulturellen Kompetenz‘ erreichen?

Ziele des interkulturellen Lernens

(Wir folgen hier u.a. Biechele/Leiprecht (1998), Werkgroep 'Deutsch macht Spaß' (1997))
Das übergeordnete Ziel ist: Das Lernen für ein Zusammenleben in einer vielfältigen multikulturellen Gesellschaft. Konzepte modernen interkulturellen Lernens zielen auf den folgenden Aspekt:
"die kulturelle Gebundenheit von sich und Fremden erkennen, über Kommunikation den Fremden als gleichwertiges Subjekt zu akzeptieren und so zu einem eigenen Perspektivenwechsel zu kommen. Das bedeutet natürlich auch, das eigene Vertraute in Frage zu stellen. Für Überheblichkeit ist dann kein Platz mehr“ (Wordelmann 1997: 52).

Ziele des interkulturellen Lernens

- Das Verstehen anderer Kulturen
- Einfühlungsvermögen (Empathie)
- Toleranz
- Orientierungsfähigkeit in der anderen Kultur
- Bewusstmachen und Relativierung von kulturellen und nationalen Stereotypen
- Nachdenken über die eigene Kultur (das Selbstbild) und die des Anderen (Fremdbild)
- Fremdes ohne vorschnelle Bewertung bestehen lassen
- Sich in andere hineinversetzen
- Sich die eigenen Wertvorstellungen bewusst machen
- Abbau des 'Wir – Sie –Denkens'
- Zulassen neuer Wahrnehmungen
- Entdecken von Gemeinsamkeiten
- Erfahrung von Mehrsprachigkeit als Vorteil
- Verzögerung vorschneller Interpretationen
- Erfolgreich in der eigenen und fremden Kultur handeln

Interkulturelle Kompetenz im berufsbezogenen Fremdsprachenunterricht
In der Fremdsprache hat interkulturelles Lernen die Aufgabe, innerhalb und außerhalb des eigenen Landes Begegnungen mit Sprechern anderer Sprachen vorzubereiten.
Für den berufsbezogenen Fremdsprachenunterricht, dessen Ziel die berufliche Handlungsfähigkeit in der Fremdsprache ist, zählt Christ (2000: 9-10) die interkulturelle Kompetenz zu der Sozialkompetenz und nennt folgende Fähigkeiten:

- Fehlertoleranz bei der muttersprachlichen Interaktion mit ausländischen Gesprächspartnern
- Hinhören und Bereitschaft zur Nachfrage bei der Interaktion mit Gesprächspartnern in der Zielsprache
- Sensibilität für kulturspezifische Begriffe und Ausdrucksweisen
- Beachtung der Körpersprache bei der Interaktion mit Gesprächspartnern
- Rücksichtnahme auf kulturspezifische Kommunikationsformen
- Bemühung um die Verwendung von standardisierter Sprache bei der Kommunikation

Ein weiterer Gesichtspunkt betrifft die Verknüpfung von sprachlichen mit anderen Qualifikationen beim Erwerb von interkultureller Kompetenz. Die beiden folgenden Tabellen informieren über den Umfang und die Gewichtung der verschiedenen internationalen Qualifikationen für die Berufsfelder Großhandel / Außenhandel / Verkehr und Hotel- und Gaststättengewerbe.

Notwendigkeit von Qualifikationen mit internationalem Bezug
Berufsgruppe Großhandel / Außenhandel / Verkehr
(vgl. Christ, 2000 : 16; vgl. Wordelmann 1997: 51)

Zustimmung der Befragten in %	20%	30%	40%	50%	60%	70%	80%
Fähigkeit, sich schnellen Veränderungen anzupassen							
Fähigkeit, über die eigenen Grenzen hinaus zu denken und zu handeln							
Fähigkeit, mit ausländischen Partnern in Konkurrenz zu treten							
Fähigkeit, mit ausländischen Partnern auf einer gemeinsamen Ebene zu kommunizieren und kooperieren							
Fähigkeit, mit internationalen Datenbanken und Kommunikationssystemen umzugehen							
Kenntnisse über ausländische Märkte							
Kenntnisse ausländischer /internationaler Standards							
Kenntnisse des ausländischen Rechts							
Kenntnisse über fremde Kulturen (Lebensweisen, Sitten, Gewohnheiten, Mentalitäten)							

(nach Christ 2000: 15-16)

Notwendigkeit von Qualifikationen mit internationalem Bezug
<u>Berufsgruppe Hotel- und Gaststättenberufe</u>
(vgl. Christ, 2000 : 16; vgl. Wordelmann 1997: 51)

Zustimmung der Befragten in %	20%	30%	40%	50%	60%	70%	80%
Fähigkeit, sich schnellen Veränderungen anzupassen							
Fähigkeit, über die eigenen Grenzen hinaus zu denken und zu handeln							
Fähigkeit, mit ausländischen Partnern in Konkurrenz zu treten							
Fähigkeit, mit ausländischen Partnern auf einer gemeinsamen Ebene zu kommunizieren und kooperieren							
Fähigkeit, mit internationalen Datenbanken und Kommunikationssystemen umzugehen							
Kenntnisse über ausländische Märkte							
Kenntnisse ausländischer /internationaler Standards							
Kenntnisse des ausländischen Rechts							
Kenntnisse über fremde Kulturen (Lebensweisen, Sitten, Gewohnheiten, Mentalitäten)							

(nach Christ 2000: 16)

Inhalte des interkulturellen Lernens
Kulturelles Wissen
Fremdsprachliche Handlungsfähigkeit bedeutet, dass die Lernenden sich in der Zielsprache fachlich angemessen informieren und verständigen können. Das schließt allgemein und für den berufsbezogenen Unterricht mehr ein als

(berufsbezogenes oder allgemeinsprachliches) Vokabellernen, Grammatik und das landeskundliche Wissen über Geographie oder Geschichte des Landes. Kommunikative Fähigkeiten und Orientierungsfähigkeit in der Zielkultur werden mit anderem 'Wissen' erreicht.

Zu kulturellem Wissen zählen (wir folgen hier: Biechele, Leiprecht (1998), Wicke (1997), Werkgroep 'Deutsch macht Spaß‘ (1997))

- Routinen und Rituale im Alltag
- Anredeformen
- Umgangsformen (Höflichkeit, Etikette, Pünktlichkeit)
- Tabuthemen
- Themen für 'small talk'
- Nonverbale Kommunikation
- Bräuche und Traditionen
- Auffassungen, Werte und Normen
- Glaubensauffassungen
- Rollenverhalten Mann-Frau
- Sprichwörter, Redewendungen, Bildsprache

und speziell im berufsbezogenen Bereich

- Wissen um die Traditionen und die Stellung des zukünftigen Faches oder Berufs in der Gesellschaft der Zielkultur
- Kenntnis von typischen Situationen und Rollenverteilungen im Rahmen von mündlicher oder schriftlicher Kommunikation

Auch bei diesem kulturellen Wissen ist eine Beschränkung auf das Kognitive, das Tatsachenwissen nicht ausreichend. Erst in der authentischen Begegnung (sei sie nun virtuell oder real) treffen sich die kulturell bedingten Selbst- und Fremdbilder. Ihr Vergleich kann einen Perspektivenwechsel ermöglichen und gegenseitiges Respektieren und vielleicht auch Verstehen fördern (vgl. Gebauer 1999). Erst in der subjektiven Auseinandersetzung mit der anderen Kultur kann interkulturelles Lernen stattfinden.

Welche Verfahren und Strategien fördern das interkulturelle Lernen besonders?
Welche Voraussetzungen müssen für eine erfolgreiche internationale Projektarbeit und interkulturelles Lernen in der Praxis erfüllt werden?

Das ist alles leichter gesagt als getan. Die Fragen bei diesen (hehren) Zielen sind:

- Wie können wir in unserem Fremdsprachenunterricht Bedingungen schaffen, die eine Auseinandersetzung mit der anderen Kultur ermöglichen?
- Mit welchen Verfahren und Strategien können wir die interkulturelle Kompetenz unserer Lernenden entwickeln helfen?

Im Folgenden wollen wir einige Wege und Verfahren aufzeigen.

Zusammenarbeit in internationalen Projekten
Wie immer gibt es auch hier "viele Wege nach Rom“ und keine einheitlichen Antworten, aber ganz allgemein lässt sich doch sagen, dass die Lernenden sich am ehesten und besten ein eigenes Bild vom Leben, Arbeiten, Alltag und Berufsleben in einer anderen Kultur machen können, wenn sie

- miteinander in einem gemeinsamen Lernprozess kommunizieren und
- in einem internationalen und fächerübergreifenden Kontext zusammenarbeiten.

In dieser Zusammenarbeit werden sie dazu angeregt, sich in den Standpunkt des Anderen hineinzuversetzen.

Für diese gemeinsame Zusammenarbeit eignet sich die Projektarbeit besonders gut. Denn Projekte ermöglichen es den Lernenden, miteinander und voneinander zu lernen. Sie stellen den Menschen ins Zentrum des Fremdsprachenlernens und nicht eine abstrakte Größe wie z.B. 'das Land' (vgl. Schwerdtfeger 1999). Durch die Arbeit an einem gemeinsamen Projekt lernen sich die Lernenden besonders intensiv kennen.

E-Mail-Kontakte
Durch die Möglichkeiten, die das Internet bietet, werden Wege der Projektarbeit erschlossen, die gemeinsames Arbeiten aus den verschiedensten Regionen der Welt ermöglicht.
E-Mail spielt bei der Kommunikation in grenzüberschreitenden Projekten eine große Rolle.

Schüleraustausch
Aus Erfahrungsberichten zeigt sich, dass sich die Projektpartner bei der gemeinsamen Arbeit an einem Projekt über E-Mail gerne persönlich treffen und kennen lernen wollen. Oft münden E-Mail-Projekte in Schüleraustausch.

Auslandspraktika
Bei erfolgreicher Projektarbeit und persönlichen Kontakten beim Austausch machen die Lernenden Erfahrungen, die das Fremde nicht mehr so fremd erscheinen lassen. Dadurch wächst bei einigen Lernenden der Mut, ein Praktikum im Ausland zu wagen. Dort findet unbestritten das intensivste interkulturelle Lernen statt.

Voraussetzungen für eine erfolgreiche internationale Projektarbeit
Welche Voraussetzungen müssen für eine erfolgreiche internationale Projektarbeit und interkulturelles Lernen in der Praxis erfüllt werden?

Zunächst muss man einen geeigneten Partner finden. Wo und wie finde ich den? Die beste Methode ist natürlich über persönliche Kontakte oder über Kontakte, die Kollegen haben. Auch immer gut ist es, auf Fortbildungsseminaren im Zielsprachenland Kontakte herzustellen. Wenn das beides nicht möglich ist, kann man sich im eigenen Land an die jeweiligen nationalen Agenturen wenden. Darüber hinaus gibt es die folgenden Datenbanken und Internetadressen, die bei der Vermittlung von Partnerschulen und internationalen Kontakten behilflich sind:

- ❑ European Schools Exchange Databank
- ❑ International Tandem Network
- ❑ St. Olaf-Liste: www. stolaf.edu
- ❑ Internet Klassenpartnerschaften über das Goethe-Institut

Was sind die Kriterien für eine erfolgreiche internationale Projektarbeit?
In Erfahrungsberichten werden folgende Kriterien genannt:

- ❑ Alle Partner müssen von dem Projekt 'profitieren' und lernen. (Bei Partnerschaften mit Muttersprachlern kann das vor allem im Anfängerunterricht problematisch sein. Doch berichten muttersprachliche Lehrer, dass die intensive Beschäftigung mit Partnern, die Deutsch als Fremdsprache erlernen, bei ihren Lernenden einen positiven Effekt auf die Anwendung ihrer Muttersprache haben. Durch die Zusammenarbeit und die daraus entstandenen Fragen bezüglich Rechtschreibung, Grammatik, Angemessenheit in Wortwahl und Stil kann der Umgang mit der eigenen Muttersprache reflektiert werden und zu einer bewussteren Anwendung führen. Auch hier gilt das Kriterium, dass alle Beteiligten vom Projekt profitieren müssen.)
- ❑ Die Lernenden sollten ungefähr gleich alt sein.
- ❑ Die Klassen/Gruppen sollten ungefähr gleich groß sein.
- ❑ Die Lernenden sollten ein ungefähr vergleichbares Niveau haben.
- ❑ Auch die Lehrenden müssen sich als Partner sehen, die mit Kollegen und mit den Lernenden gemeinsam das Projekt planen und durchführen.

Was ist bei der Vorbereitung zu beachten?
Die Lehrenden sollten sich vorher kennen gelernt haben. Bei diesem Treffen ist Folgendes zu klären und abzusprechen:

Checkliste (ohne Anspruch auf Vollständigkeit)

- ❑ Welche Themen sind aufgrund der Lehrpläne möglich, relevant, interessant?
- ❑ Wie lange soll das Projekt dauern?
- ❑ (ca. 4 Wochen ist als Erfahrungswert zu empfehlen. Ein Projekt sollte sich nicht zu lange hinziehen und nicht unterbrochen werden. Das baut

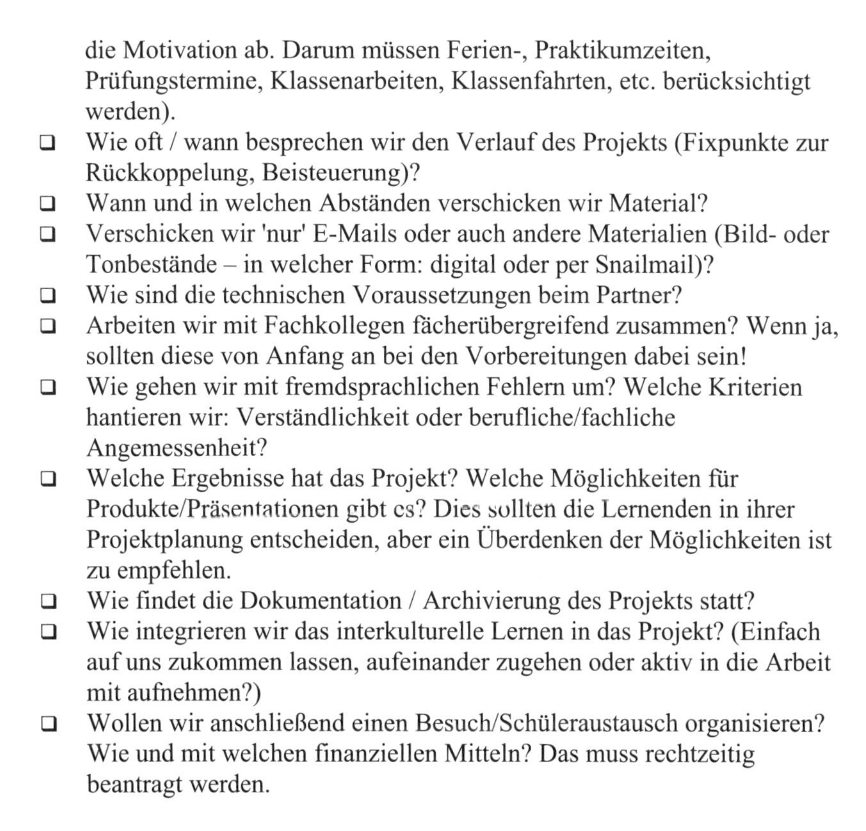

die Motivation ab. Darum müssen Ferien-, Praktikumzeiten, Prüfungstermine, Klassenarbeiten, Klassenfahrten, etc. berücksichtigt werden).

- ❑ Wie oft / wann besprechen wir den Verlauf des Projekts (Fixpunkte zur Rückkoppelung, Beisteuerung)?
- ❑ Wann und in welchen Abständen verschicken wir Material?
- ❑ Verschicken wir 'nur' E-Mails oder auch andere Materialien (Bild- oder Tonbestände – in welcher Form: digital oder per Snailmail)?
- ❑ Wie sind die technischen Voraussetzungen beim Partner?
- ❑ Arbeiten wir mit Fachkollegen fächerübergreifend zusammen? Wenn ja, sollten diese von Anfang an bei den Vorbereitungen dabei sein!
- ❑ Wie gehen wir mit fremdsprachlichen Fehlern um? Welche Kriterien hantieren wir: Verständlichkeit oder berufliche/fachliche Angemessenheit?
- ❑ Welche Ergebnisse hat das Projekt? Welche Möglichkeiten für Produkte/Präsentationen gibt es? Dies sollten die Lernenden in ihrer Projektplanung entscheiden, aber ein Überdenken der Möglichkeiten ist zu empfehlen.
- ❑ Wie findet die Dokumentation / Archivierung des Projekts statt?
- ❑ Wie integrieren wir das interkulturelle Lernen in das Projekt? (Einfach auf uns zukommen lassen, aufeinander zugehen oder aktiv in die Arbeit mit aufnehmen?)
- ❑ Wollen wir anschließend einen Besuch/Schüleraustausch organisieren? Wie und mit welchen finanziellen Mitteln? Das muss rechtzeitig beantragt werden.

Vor Beginn der Projektarbeit müssen Kollegen, Sekretariat, Schulleitung und Eltern über das Projekt informiert werden.

Goldene Regeln

ein überschaubares Thema finden
bestätigen, wenn Material angekommen ist
nachfragen, wenn kein Material angekommen ist
Kontakt aufnehmen, wenn Vereinbarungen nicht eingehalten wurden

In allen Berichten über internationale Projekte wird immer wieder betont:
Eine genaue Terminplanung und sorgfältige Themenauswahl sind die wichtigsten Bedingungen für eine erfolgreiche grenzübergreifende Projektarbeit.

Im berufsbildenden Bereich sind die Terminabsprachen besonders wichtig, da die Schul- und Ausbildungssysteme in den verschiedenen Ländern sehr unterschiedlich sind.

Wie geht interkulturelles Lernen konkret?
Beispiele

Interkulturelles Lernen geht nicht immer von selbst. Es findet nicht automatisch statt, wenn Personen aus verschiedenen Kulturen einander begegnen. Eine Begleitung kann dabei nötig sein. Welche Möglichkeiten gibt es?
Die folgenden Beispiele sollen Anregungen für die eigene Praxis geben.

Nachdenken über sich selbst – Sich in andere hineinversetzen – Entdecken von Gemeinsamkeiten
Bei internationalen Projekten und bei der Vorbereitung auf einen Schüleraustausch ist der erste Schritt meistens die gegenseitige Vorstellung der Partner. Das kann auf verschiedene Weisen geschehen, und zwar mit

- Poesiealbum
- Fotos
- Video
- Internetalbum
- Hörkassette
- Briefen mit oder ohne Fotos etc.

Beispiel 1: Vorstellung: Wer sind wir?
In einem Poesiealbum oder in einem Brief können folgende Mitteilungen gemacht werden:

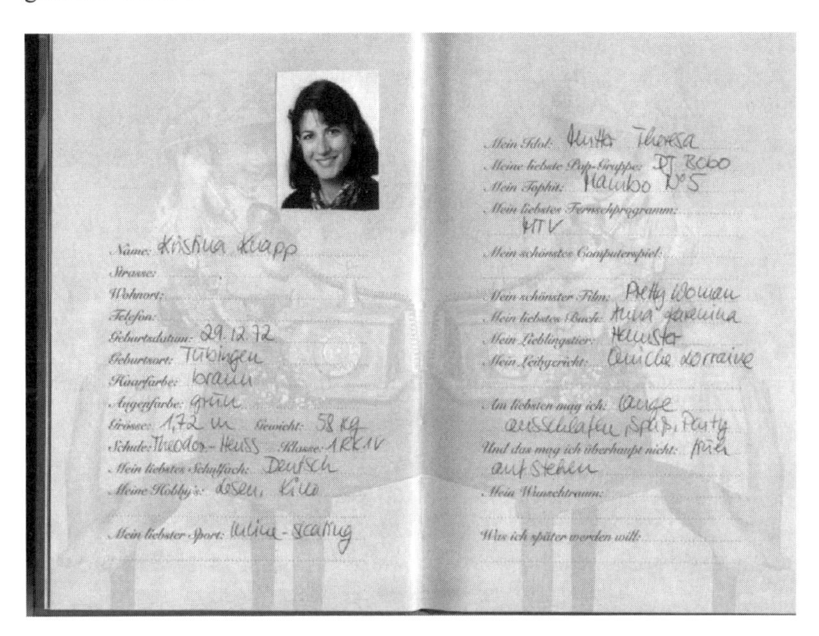

Name: Kristina Knapp
Strasse:
Wohnort:
Telefon:
Geburtsdatum: 29.12.72
Geburtsort: Tübingen
Haarfarbe: braun
Augenfarbe: grün
Grösse: 1,72 m Gewicht: 58 kg
Schule: Theodor-Heuss Klasse: 1RK1V
Mein liebstes Schulfach: Deutsch
Meine Hobby's: Lesen, Kino
Mein liebster Sport: Inline-Skating

Mein Idol: Mutter Theresa
Meine liebste Pop-Gruppe: DJ Bobo
Mein Tophit: Mambo No 5
Mein liebstes Fernsehprogramm: MTV
Mein schönstes Computerspiel:
Mein schönster Film: Pretty Woman
Mein liebstes Buch: Anna Karenina
Mein Lieblingstier: Hamster
Mein Leibgericht: Quiche Lorraine
Am liebsten mag ich: lange ausschlafen, Spaß, Party
Und das mag ich überhaupt nicht: früh aufstehen
Mein Wunschtraum:
Was ich später werden will:

Mein Hobby Meine Lieblingsmusik Meine Helden Mein Lieblingsessen	Mein Lieblingstier Was ich nicht ausstehen kann usw.

Die Lernenden vergleichen in Gruppen oder im Klassengespräch diese Mitteilungen:

- ❑ Gibt es viele Übereinstimmungen oder große Unterschiede?
- ❑ Woran kann das möglicherweise liegen?

Beispiel 2: Fragebogen: Wer seid ihr?
Die Mitteilungen über die eigene Person können als Fragen an die Partnergruppe gestellt werden:

- Was ist dein Hobby?
- Was ist deine Lieblingsmusik?
- Wer sind deine Helden?
- usw.

In Gruppen oder in einem Klassengespräch überlegen:

- Wie werden die Partner wohl darauf antworten?
- Wird es große Unterschiede oder Übereinstimmungen mit unseren Angaben geben?
- Warum glauben wir das?

Beispiel 3: Videofilm /Fotos zur Vorstellung
Vor dem Aufnehmen des Films / der Fotos, können die folgenden Fragen gestellt werden:

Vorüberlegungen bei Filmen oder Fotos

- Was wollen wir zeigen, und warum?
- Wollen wir etwas 'Besonderes' oder etwas 'Normales' zeigen? Was ist 'besonders' – was ist 'normal'?
- Was sagen wir mit dem Film / den Fotos über uns, unsere Schule, unsere Stadt?
- Wollen wir damit einen bestimmten Eindruck auf unsere Partner machen?
- Was für einen Eindruck wird das auf unsere Partner machen?

Beispiel 4: Videofilm / Fotos der Partnergruppe ansehen
Wenn sich die Partnergruppe mit einem Videofilm oder mit Fotos vorstellt, können folgende Beobachtungsaufgaben gegeben werden (vgl. Wicke 1995: 70-71):

Beobachtungsbogen

Sehen Sie den Videofilm/die Fotos an. Welche Unterschiede, welche Gemeinsamkeiten im Vergleich zu Ihrer eigenen Kultur können Sie feststellen? Vergleichen Sie Ihre individuellen Beobachtungen mit den Beobachtungen Ihrer Mitschüler.

PERSONEN
Kleidung / Mode
Frisur
Äußere Erscheinung
Sonstiges
GEGEND / ORTE
Landschaft / Umgebung
Häuser / Gebäude
Straßen
Geschäfte / Läden
Sonstiges

Fotos und vor allem Video sind Medien, die interkulturelles Lernen besonders unterstützen. Die Hersteller stellen ihre Kultur aus ihrer Sicht dar, die Empfänger nehmen die Mitteilung aus der Sicht ihres eigenen Lebenskreises wahr. Das bietet Möglichkeiten, das Selbstbild und das Fremdbild zu reflektieren, neue Wahrnehmungen zuzulassen und Gemeinsamkeiten festzustellen.

Beispiel 5: Ein Überraschungspaket verschicken
Eine weitere Möglichkeit, die eigene und andere Kultur zu erfahren, ist das Verschicken von 'Überraschungspaketen'.
Auch hier können bei der Vorbereitung die Fragen gestellt werden:

- Was schicken wir? Warum schicken wir das?

- Ist das typisch für unsere Stadt, unsere Region? Unser Land? Was ist typisch dafür?
- Gibt es das nur bei uns oder auch in dem anderen Land?
- Werden die anderen es mögen?
- usw.

Beispiel 6: Ein Überraschungspaket erhalten
Beim Erhalten eines Paketes vom Partner vor dem Öffnen die Fragen stellen:

- Was könnte in dem Paket drin sein?
- Warum denken wir das?

In einem anschließenden Gespräch reflektieren:

- Haben sich unsere Vermutungen über den Inhalt des Paketes bestätigt?
- Wie kommt das?

Beispiel 7: Ein Miniunternehmen gründen
Für die Arbeit in einem Projekt kann ein (virtuelles) Miniunternehmen gegründet werden.
Bei den Vorüberlegungen über Namen, Logo usw. und bei der Durchführung 'echter' Geschäftskorrespondenz werden Einsichten in die Unternehmenskultur des eigenen Landes und die des Partnerlandes spielerisch erprobt und erfahren.

Beispiel 8: Einen Fragebogen austauschen
Im Laufe eines Projekts oder zur Vorbereitung auf einen Schüleraustausch kann ein Fragebogen in der folgenden Form ausgetauscht werden: (vgl. Werkgroep 'Deutsch macht Spaß' 1997: 108)

Austausch eines Fragebogens

Fragebogen

Was ich über dein Land weiß:
Was ich über dein Land wissen möchte:
Was ich deinen Landleuten über mein Land erzählen möchte:

Beispiel 9: Beim Auslandspraktikum ein Kultur-Tagebuch führen (vgl.: Beneke 2000: 276)

Während eines Auslandspraktikums führen die Praktikanten ein Tagebuch, in dem sie in drei Schritten notieren

Schritt 1:	welches Verhalten sie beobachten;
Schritt 2:	wie sie dieses Verhalten interpretieren;
Schritt 3:	wie sie emotional darauf reagieren.

Die Beobachtungen können sich auf folgende Verhaltensweisen und Eindrücke beziehen:

Allgemein

- ❑ Wie kommuniziert man ohne Worte: Welche Gestik, Mimik fällt auf?
- ❑ Welche Gerüche fallen auf?
- ❑ Was sind die Ess- und Trinkgewohnheiten?
- ❑ Wie verhält man sich bei Besuchen: Wer lädt wen ein? Welche Geschenke sind üblich? Wie pünktlich muss man sein?
- ❑ Wie verhält man sich gegenüber:
- ❑ Welche Rolle spielt der Sport, die Freizeit?

In der Berufswelt

- ❑ Hierarchie: Woher weiß man, wer der Chef ist? Darf man dem Chef widersprechen?
- ❑ Wie viele weibliche Chefs gibt es?
- ❑ Wie verhält man sich Praktikanten gegenüber?
- ❑ Was gilt als pünktlich/unpünktlich? Welche Entschuldigung für Zuspätkommen wird akzeptiert?
- ❑ Wie kommunizieren die Mitarbeiter untereinander?
- ❑ Wie reden sie sich an: Siezen sie sich, duzen sie sich?
- ❑ Wie werden Entscheidungen getroffen?
- ❑ Wie verlaufen Arbeitsbesprechungen?

Bei der Rückkehr bietet das Tagebuch die Grundlage für die folgenden Fragen:

- ❑ Welches Bild hatte ich von der Kultur, dem Land vor dem Praktikum?
- ❑ Hat sich dieses Bild geändert?
- ❑ Wodurch kommt das?
- ❑ Welche Ratschläge würde ich einem Mitschüler geben, der in diesem Land ein Praktikum machen will?

Vorteile/Möglichkeiten und Grenzen/Probleme des interkulturellen Lernens bei internationalen Projekten

Vorteile
Die Vorteile, die internationale Projekte und Schüleraustausche für das interkulturelle Lernen haben, liegen auf der Hand: Besser als alles andere bieten sie die Möglichkeit, sich durch die authentische Begegnung mit der eigenen und der fremden Lebenswelt auseinander zu setzen, Verhaltensweisen besser zu verstehen und damit Brücken zur Verständigung zu bauen. Schüleraustausch und grenzüberschreitende Projekte sind so sinnvoll, dass sie eigentlich in jedem Schulprogramm aufgenommen werden müssten. Da, wo die Entfernungen für einen realen Austausch zu groß sind, bieten die neuen Medien einen guten Ersatz. Wenn die Partnerschaften personell und inhaltlich sinnvoll sind, können E-Mail, 'chats' usw. zu beinahe 'echten' Austauschprojekten werden.

Vorteile für die Lernenden
Was internationale Projekte bei den Lernenden so attraktiv macht, ist der reale Kontakt mit Altersgenossen und die breite Skala an kommunikativen und interkulturellen Aktivitäten.

Vorteile für die Lehrenden
Vorteile für die Lehrenden sind vor allem die angenehmen Kontakte, die sich oft aus der Projektarbeit ergeben. Aus diesen Kontakten entwickeln sich häufig weitere Begegnungen, so dass ein Netzwerk aufgebaut werden kann, von dem andere Kollegen auch wieder profitieren können.

Förderung der Mobilität
Erfahrungen aus unserem und auch aus anderen Projekten zeigen, dass Projektarbeit über E-Mail bei den Teilnehmern häufig das Bedürfnis nach persönlichen Kontakten weckt. Durch gegenseitige Besuche wächst bei den Teilnehmern auch verstärkt der Mut, in einem anderen Land ein Praktikum zu machen.

Dass das Konzept des interkulturellen Lernens als integrierter Bestandteil der Ausbildung in die Lehrpläne aufgenommen werden muss, ist bei der Forderung nach Mehrsprachigkeit und Interkulturalität in einem Europa der offenen Grenzen eine Selbstverständlichkeit.
Darüber hinaus müssen Strategien zur Vermittlung und Entwicklung von interkultureller Kompetenz verstärkt entwickelt werden.
Hiermit kommen wir zu den Grenzen und Problemen beim interkulturellen Lernen.

Grenzen und Probleme
Internationale Projekte verlaufen nicht immer erfolgreich und fast nie problemlos. Vor allem, wenn dieses Verfahren zum ersten Mal praktiziert wird, ist die Arbeit mit Stress, großem Zeit- und Energieaufwand verbunden und verlangt von allen Beteiligten Durchsetzungsvermögen. E-Mail-Projekte sind darüber hinaus technikabhängig, und die Technik versagt leider noch immer öfter, als einem lieb ist.

Auch in Hinsicht auf das interkulturelle Lernen können Probleme auftauchen.
- Wie gehen wir z.B. mit Negativ-Bildern, negativen Stereotypen um?
- Wie reagieren wir auf eventuelle rassistische Bemerkungen?
- Was machen wir, wenn sich eine Gruppe bei der Abfahrt der Partnergruppe mit einem 'mooning' verabschiedet? (Das ist bei uns passiert ...)
- Greifen wir ein, wenn wir merken, dass die eine Gruppe die andere bei der Durchführung einer Aufgabe nicht mitarbeiten lässt, weil sie meint, dass die anderen es doch nicht können?
- Wie gehen wir damit um, wenn eine Gruppe starke Überlegenheits- oder Minderwertigkeitsgefühle der anderen Gruppe gegenüber zeigt?

Sollen wir solche Verhaltensweisen ignorieren, indem wir das Thema wechseln? Oder sollen wir dieses Verhalten gerade zum Anlass für eine Reflexion nehmen, auf die Gefahr hin, dass das Thema in den Augen der Schüler schon so breitgetreten ist, dass sie nichts mehr darüber hören wollen? Müssen wir 'mooning' bestrafen?

Patentrezepte dafür gibt es wohl nicht. Wohl kann man sich als Lehrender in solchen Situationen die Fragen stellen:
- Warum verhalten sich die Lernenden so? Was für eine Funktion hat dieses Verhalten?
- Wie verhalte ich mich eigentlich selbst?
- Warum ärgert mich dieses negative Stereotyp?
- Warum will ich dieses Bild korrigieren? Muss ich das tun?
- Haben diese negativen Stereotypen eine Funktion?
- Was sagt dieses Negativbild vom Anderen über uns selbst aus?

Bilder und Vorstellungen von Kulturen und Nationen haben immer auch mit uns selbst und unserem eigenen kulturellen Kontext zu tun (Biechele, Leiprecht 1998: 105). Wer über sich selbst lachen kann, kann auch leichter mit anderen lachen. Viele Probleme lassen sich nämlich am besten mit Humor lösen. (Und das ist, wenn man trotzdem lacht!)

ANHANG

Thesen

Die Fähigkeit, Fremdem aufgeschlossen zu begegnen und die Bereitschaft, sich unter Infragestellung des eigenen Vorverständnisses mit ihm auseinander zu setzen, lassen sich nicht unterrichtlich verordnen.

Solide landeskundliche Kenntnisse sind eine unabdingbare Voraussetzung für das Verstehen fremdkultureller Orientierungssysteme.

Empathiefähigkeit und die Fähigkeit zum Perspektivenwechsel können erst auf der Basis umfassenden historischen und sozio-kulturellen Wissens erworben werden.

Interkulturelles Lernen fängt in der ersten Stunde des Fremdsprachenunterrichts an.

Es kommt nicht so sehr darauf an, ein umfassendes Faktenwissen zu vermitteln. Wichtiger sind Strategien und Fertigkeiten im Umgang mit der fremden Kultur.

Dossier

Handlungsorientierte Lehrerfortbildung

Ziele und Inhalt des Bausteins
'Professionelle Lehrerfortbildung ist handlungsorientierte Erwachsenenbildung' (Edelhoff 1999: 37).

In diesem Modul erläutern wir, warum das so ist, was die Merkmale handlungsorientierter Lehrerfortbildung sind, und wie dies in der Praxis aussehen kann.
Wir gehen auf besondere Aspekte der Fortbildung im berufsbezogenen Fremdsprachenunterricht ein und stellen Kriterien und Leitfragen für die Planung, Durchführung und Auswertung auf.
Anhand des SERA-Modells (SERA steht für: **S**imulation – **E**rfahrung – **R**eflexion – **A**nwendung) beschreiben wir mit konkreten Beispielen einen 'idealtypischen' Verlauf einer handlungsorientierten Fortbildungsveranstaltung.
Zitate, Thesen zur Diskussion und Kopiervorlagen befinden sich im Anhang.

Aufbau des Bausteins

Theoretischer Rahmen
Handlungsorientierte Lehrerfortbildung: Was versteht man darunter?
Gründe, Definition, Merkmale

Umsetzung in die Praxis
Welche Konsequenzen ergeben sich für die Umsetzung dieses Konzepts in die Praxis?
Kriterien für die Planung und Durchführung von handlungsorientierten Fortbildungsveranstaltungen

Anregungen und Beispiele für die Praxis
Leitfragen bei der Planung und Durchführung
Das SERA-Modell
Beispiele

Anhang
Zusatzmaterial

Handlungsorientierte Lehrerfortbildung: Was versteht man darunter?
Gründe, Definition, Merkmale

Handlungsorientierte Lehrerfortbildung: warum?
Ziel von Lehrerfortbildung ist, neue Verhaltensweisen längerfristig in professionelles Handeln in der Praxis um zu setzen:
"The ultimate goal of an in-service training course must be a stable change in the classroom behaviour of the participants in accordance with the goals of the course" (Andered/Kwakernaak 2000: 150).
Dabei sollen vorhandene Qualifikationen (Wissen und Können) der Teilnehmer "erhalten, aktualisiert und dem gesellschaftlichen Wandel angepasst werden".
"Voraussetzung für die Änderung des eigenen Lehrverhaltens ist, dass der oder die Lehrende selbst und ganz konkret

- weiß, welches Verhalten sinnvoll wäre,
- überzeugt ist, dass diese Alternative besser ist und funktioniert,
- erkennt, dass er/sie sich noch nicht so verhält"

(Krumm 1999: 62).

Wann setzen Lehrende das, was ihnen in einer Fortbildung vermittelt wird, am ehesten in ihrem Unterricht um?
Untersuchungen und Evaluationsstudien zeigen, dass "neue Verhaltensweisen und sie begleitende bzw. begründende Konzepte dann eine größere Chance haben, in professionelles Handeln integriert zu werden, wenn sie dem Lehrer subjektiv verfügbar sind" (Legutke: Einführung 6/I.0: 5).

Wie wird diese subjektive Verfügbarkeit am ehesten erreicht?
Fahrrad fahren lernen wir nicht dadurch, dass wir viel über die Geschichte des Fahrrads lesen und Versuche mit den mechanischen Grundlagen der Übersetzung und mit dem Gleichgewicht absolvieren. Über neue Handlungsmöglichkeiten verfügen wir eher, wenn uns neues Wissen und das, was sein sollte, nicht in Form eines theoretischen Inputs vermittelt wird, sondern indem wir es erproben, üben und reflektieren. Es gibt keinen direkten Weg vom Wissen zum Handeln.

Eine Fortbildungsveranstaltung, die das Erproben, Üben und Reflektieren von neuen Handlungsmöglichkeiten ermöglicht und stimuliert, geht von dem Konzept 'Handlungsorientierung' aus (siehe Baustein 1 ' Handlungsorientierter Unterricht: didaktisches Konzept').

Handlungsorientierung: Was versteht man darunter?
Der Begriff 'Handlungsorientierung' wird von Hoffman/Langefeld (1998: 12) wie folgt definiert:

'Handlungsorientierung verknüpft Wahrnehmen, Denken und Handeln und ermöglicht ein Wechselspiel zwischen einem praktischen Tun bzw. konkreten Erfahrungen und kritisch-systematisierender Reflexion'.

Handlungsorientiertes Lernen hat folgende Merkmale:
Es ist:

- subjektbezogen
  d.h. es geht von Erfahrungen, Interessen und Bedürfnissen der Lernenden aus.
- ganzheitlich
  in Bezug auf die komplexe Lebenswirklichkeit und interdisziplinäre Wissenschaftlichkeit sowie in Bezug auf die Gesamtpersönlichkeit des Lernenden
- interaktionsbetont
  durch soziales Lernen und verantwortungsbewusstes Handeln.
- tätigkeitsstrukturiert
  es führt durch eigenes, aktives Tun zum Kompetenzaufbau.

Welche Konsequenzen ergeben sich für die Umsetzung dieses Konzepts in die Praxis?

Kriterien für die Planung und Durchführung von handlungsorientierter Lehrerfortbildung
Ausgehend von den allgemeinen Merkmalen von 'Handlungsorientierung', ist handlungsorientierte Lehrerfortbildung folgendermaßen gekennzeichnet (vgl. Legutke: 1999):

- Sie orientiert sich an den Teilnehmern.
  D.h. die Themen und Aufgaben müssen relevant, erwachsenengemäß und berufsbezogen sein. Ziele und Inhalte sollten von den Teilnehmern (mit-)bestimmt werden.
- Die Teilnehmer können neue Möglichkeiten handelnd erfahren.
- Die Teilnehmer können diese konkreten Erfahrungen reflektieren, verallgemeinern und auf bestehende Wissens- und Erfahrungsbestände beziehen.
- Die Teilnehmer können auf der Grundlage der Erfahrungen und ihrer Reflexion neue Handlungsmöglichkeiten für die eigene Praxis entwerfen und erproben.

Besondere Aspekte der Fortbildung von Lehrenden im berufsbezogenen Fremdsprachenunterricht

Drei Aspekte spielen in der Fortbildung von Fremdsprachenlehrern im berufsbezogenen Bereich eine zusätzliche Rolle.

1. Interkulturalität und Internationalität
Im Fremdsprachenunterricht geht es nicht in erster Linie um die Vermittlung der Sprache als System. Vielmehr geht es darum, die Sprache als authentisches Kommunikations- und Verständigungsmittel zu vermitteln. Dazu brauchen die Teilnehmer Erfahrungen und Möglichkeiten zu Begegnungen und Auseinandersetzung mit der Kultur des Landes der Zielsprache im weitesten Sinne des Wortes. Das heißt, dass Fortbildungsveranstaltungen, wenn eben möglich, zumindest teilweise in dem Land der Zielkultur stattfinden sollten. Durch Schulbesuche und Hospitationen im Unterricht von Kollegen können Kontakte hergestellt und Kooperationsnetze aufgebaut werden.
In bi- oder multinationalen Fortbildungsveranstaltungen erhalten die Teilnehmer darüber hinaus Möglichkeiten, die Denk- und Verhaltensweisen von Personen aus mehreren anderen Kulturen zu erfahren, eine Erfahrung, die für die Vermittlung der interkulturellen Kompetenz im Fremdsprachenunterricht von großer Bedeutung ist.

2. Einblicke in die Berufswirklichkeit
Die Fremdsprachenlehrer verfügen zwar in den meisten Fällen über eine allgemeinsprachliche Zielsprachenkompetenz; oft fehlen ihnen jedoch für den berufsbezogenen Fremdsprachenunterricht Einblicke und Erfahrungen mit der Berufswirklichkeit im eigenen Land und in dem Land der Zielsprache im Besonderen. In einer Fortbildungsveranstaltung im Zielsprachenland sollten daher Betriebsbesuche, die Möglichkeit zu einem Schnupperpraktikum o.ä. wenn eben möglich mit eingeplant werden.

Das Erfahren von Internationalität und Interkulturalität sowie Einblicke in die Berufswirklichkeit sind in der Fortbildung für Lehrer im berufsbezogenen Fremdsprachenunterricht durch die Wahl des Ortes und der Inhalte der Veranstaltungen zu berücksichtigen.

3. Kooperation mit dem Fachlehrer
Eine weitere Möglichkeit für den Fremdsprachenlehrer, die Berufswirklichkeit und die fachlichen Inhalte besser kennen zu lernen, wird dadurch erreicht, dass der Fremdsprachenlehrer mehr mit seinen Fachkollegen kooperiert. Um das zu fördern, können z.B. Fortbildungsveranstaltungen für 'Kollegenpaare' (Tandems) angeboten werden.

Leitfragen für die Planung und Durchführung handlungsorientierte Lehrerfortbildung

Das SERA-Modell
Beispiele
Das Konzept 'Handlungsorientierung' hat bei der Lehrerfortbildung Konsequenzen für die Inhalte, die Veranstaltungsformen, die Methoden, die Arbeitsformen, die Rollen der Beteiligten, den Ort und die Materialien (vgl. Edelhoff 1999). Die folgenden Faktoren bedingen sich gegenseitig bei der Planung, Durchführung und Aus- und Bewertung einer Fortbildungsveranstaltung:

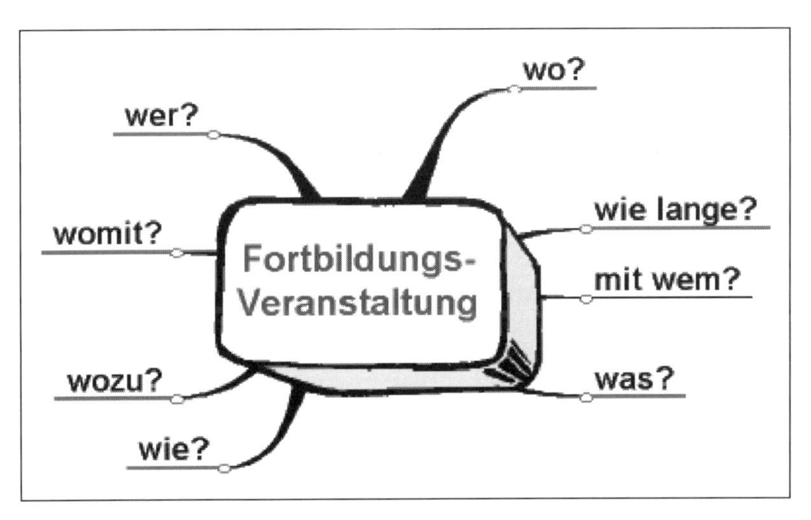

Die folgenden Leitfragen sollte man sich bei der Vorbereitung einer Veranstaltung Stellen:

Leitfragen bei der Vorbereitung einer Veranstaltung

- ❑ Wo findet die Veranstaltung statt? Welche Konsequenzen hat das?
- ❑ Wie lange soll/kann die Veranstaltung dauern? Warum? Was sind die Konsequenzen?
- ❑ Wer sind die Teilnehmer? Welche Erfahrungen, Voraussetzungen haben sie fachlich, methodisch, sprachlich?
- ❑ Was ist der Inhalt, das Thema? (Im Idealfall ist das Thema von den Teilnehmenden mitbestimmt.)

- ❑ Was sind inhaltliche Schwerpunkte? Wie können wir Wissen von 'außen' (das Wissen von Experten, das in Büchern dargelegte Wissen usw.) in die Veranstaltung hineinbringen? Sind Experten von außen nötig?
- ❑ Was sind die Ziele?
- ❑ Welche Methoden eignen sich?
- ❑ Welches Material / welche Medien sind geeignet? Werden Informationen durch geeigneten Medieneinsatz veranschaulicht?
- ❑ In welchen Phasen verläuft die Veranstaltung? Wie sieht die Zeiteinteilung aus?
- ❑ Welche Arbeits- und Sozialformen eignen sich für welche Phase? Sind die Tätigkeiten der Teilnehmenden vielfältig? Werden die Arbeitsformen häufig gewechselt? Sind Phasen der Eigenaktivität und der praktischen Erprobung/Simulation eingeplant?
- ❑ Wie können wir herausfinden, ob die Ziele erreicht wurden?

(vgl. Tönshoff: 20.4.1)

Für die detailliertere Planung kann ein Planungsraster hilfreich sein.

Planungsraster
Thema:

Zeit	Phase/ Inhalt	Lernziel	Arbeits- und Sozialform	Material Medien	Anmerkungen

(Tönshoff 20.4.1)

Ein Modell für handlungs- und erfahrungsorientierte Fortbildung
Das SERA-Modell

Für die Phasierung der Durchführung von Veranstaltungen gibt es verschiedene Modelle.
Ein für handlungs- und erfahrungsorientierte Veranstaltungen erprobtes Modell ist das SERA-Modell.

SERA steht für: Simulation – **E**rfahrung – **R**eflexion – **A**nwendung

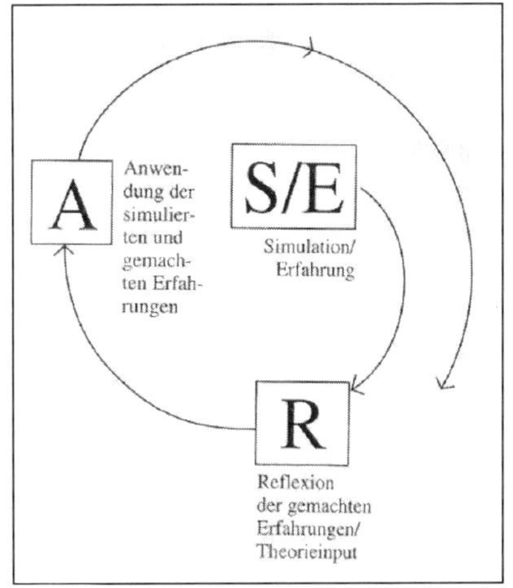

(Handbuch für Spracharbeit: Fortbildung. Teil 6/III - Einführung)

Beispiel für den Verlauf einer Veranstaltung nach dem SERA-Modell

Anfang und Ende
Im Allgemeinen verlaufen Anfang und Ende einer Veranstaltung – unabhängig davon, ob es sich um einen eintägigen Workshop oder um ein 12-tägiges Seminar handelt – nach demselben Muster:
Am *Anfang* stehen nach der Begrüßung und Orientierung

- das gegenseitige Kennenlernen,
- der Einstieg in das Thema,
- das Formulieren des Seminarziels und der Vorgehensweise.

Am *Ende* stehen

- die Auswertung und
- Bewertung der Veranstaltung.

Mit dem Beurteilen einer Veranstaltung ist jedoch noch wenig über die Qualitätssicherung oder Erreichung der längerfristigen Ziele ausgesagt. Untersuchungen nach Umsetzung und nachhaltiger Veränderung des Verhaltens in der Praxis nach der Teilnahme an Fortbildungsveranstaltungen gibt es noch kaum. Es ist überhaupt die Frage, in welcher Form und mit welcher Methodologie dies gemessen werden kann (vgl. Andered/Kwakernaak 2000).

In der Folge werden die möglichen Phasen im Verlauf einer Veranstaltung aufgezeigt. Die zu jeder Phase formulierten Fragen sollen Anregungen zur Vorbereitung einer Veranstaltung sowie zur Reflexion und zur Erörterung der

Umsetzungsmöglichkeiten in die eigene Praxis sein. Jede Phase wird anhand von einem oder mehreren konkreten Beispielen erläutert. Kopierfähige Vorlagen der Beispiele befinden sich im Anhang.

Phase	**Mögliche Frage**
Einstieg	
Kennenlernen	Wer sind wir?
Einstieg in das Thema	Was sollen wir tun?
Formulieren des Seminarziels	
Und der Vorgehensweise	Wie wollen wir das
machen?	

Beispiel für Einstieg

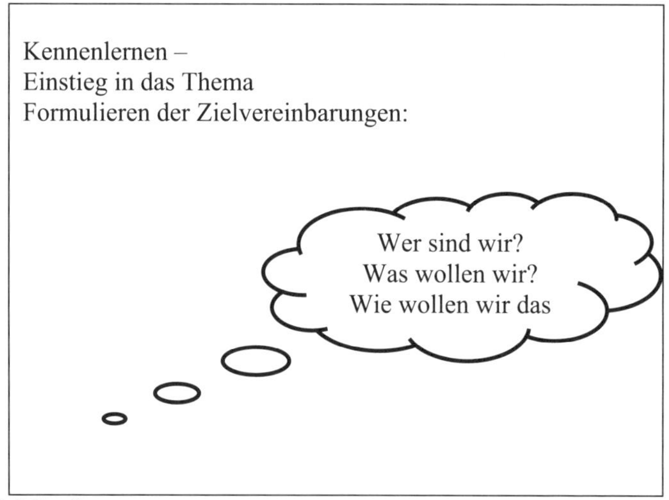

(Schmidjell: 20.5.2.: 4)

Beispiele für das Kennenlernen:

Beispiel 1: Steckbrief

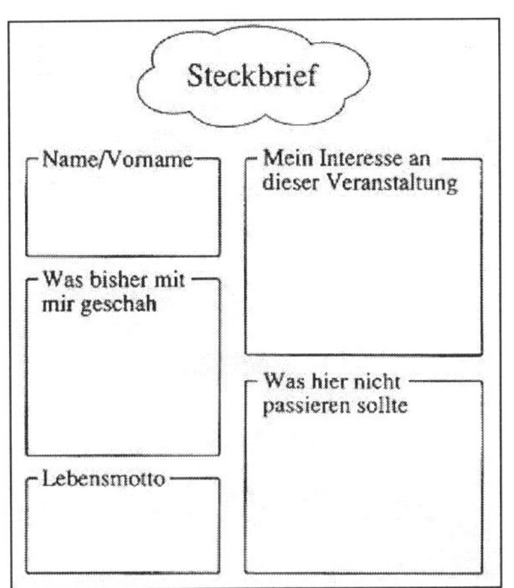

(Schmidjell: 20.5.1: 14)

Beispiel 2: Gruppenspiegel

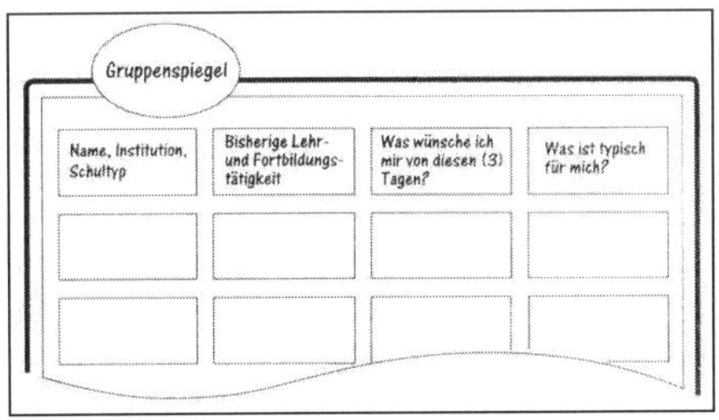

(Schmidjell: 20.5.2: 4)

Phase	Mögliche Fragen
Sensibilisieren für Frage/ Problemstellung	Was wollen wir?
Analyse des Ist-Zustandes	Was weiß ich? Was kann ich? Was mache ich schon? Wie setze ich es ein?

Beispiel für Sensibilisierung für Frage/Problemstellung
Koordinatentafel

(Schmidjell: 20.5.1: 11)

Phase	Mögliche Fragen
Simulation / Selbsterfahrung als Lernende, Übungen	

Beispiel für Simulation/Erfahrung

Die Teilnehmer erfahren die Methode 'Stationenlernen' (siehe auch Baustein 2 'Handlungsorientierte Unterrichtsmethoden*)* zum Thema 'Das Lernen lernen'. Sie durchlaufen dabei in Gruppen / Paaren die einzelnen Stationen.
Die Stationen können folgende Inhalte haben (Texte, Materialien mit Arbeitsaufträgen etc.)
Station 1: Rund um den Arbeitsplatz.
Station 2: Psychologische Bedingungen des Lernens – oder: was mein Körper braucht, um gut zu lernen.
Station 3: Textstudium – oder: wie ich lerngerecht Texte bearbeite.
Station 4: Mind Map – die andere Art, sich etwas zu merken.
Station 5: Die Lernkartei – oder: wie ich Faktenwissen effektiv wiederholen kann.
Station 6: Bewegung: So bringen Sie Ihren Körper wieder in Schwung.
Station 7: Gehirnjogging
Station 8: Übung zur Konzentration
(vgl. Technau, Anne, 1997: Die Lernwerkstatt)

Phase	Mögliche Fragen
Auswertung der Erfahrung Austausch über Wirkung der Erfahrung	Wie habe ich mich während der Übung/Aufgabe gefühlt?

Phase	Mögliche Fragen
Reflexion Theoretische Vertiefung	Was haben wir gemacht? Welche Funktion hatte diese Übung? Welche sprachlichen Fertigkeiten muss man erworben haben, um diese Aufgabe erfolgreich erledigen zu können? Sind noch andere Fertigkeiten gefordert? Kann ich diese Übung, Aufgabe in meinen Unterricht integrieren? Welche Fertigkeiten müssen die Schüler erworben haben, um diese Aufgabe erfolgreich erledigen zu können? Welche Veränderungen müssen unter Umständen vorgenommen werden? Welches Wissen brauche ich noch dafür?

Beispiele für Reflexion

Beispiel 1: Thesendiskussion
(Provozierende) Thesen zu dem Thema auf Kärtchen. In Gruppen diese Themen diskutieren.
Kärtchen nach eigenen Überlegungen ordnen. Die Ergebnisse im Plenum vorstellen und Ordnung begründen.

Beispiel 2: Skala

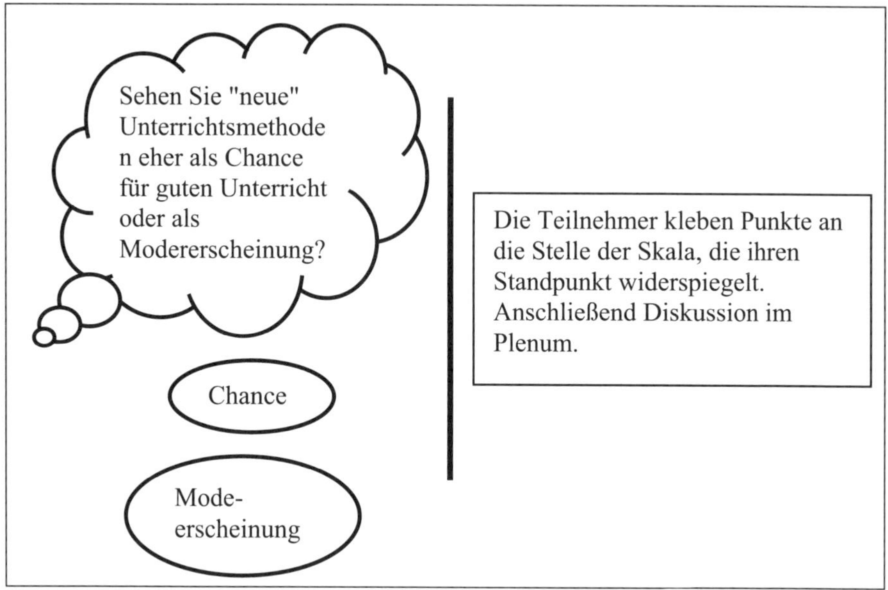

(vgl. Hugenschmidt 1999)

Beispiele für 'theoretische Vertiefung'

Beispiel 1: Referat
Auch in Fortbildungsveranstaltungen, die auf interaktive Handlungsformen Wert legen, brauchen wir nicht grundsätzlich auf 'klassische' Vermittlungsformen wie Referat oder Vortrag zu verzichten. Entscheidend ist die Frage, wie diese Vortragsphasen in den Gesamtprozess des Seminars eingefügt werden.

Der Seminarleiter hält ein kurzes Referat, das sich, wenn möglich, an den Fragen der Teilnehmer orientiert.

Beispiel 2: 'Frischer Wind'
Ein Referent von außen hält einen Vortrag.
Der Wind wird noch 'frischer', wenn es ein Referent aus einem fachfremden Bereich ist, - also kein Fremdsprachendidaktiker oder –methodiker, sondern z.B. ein Experte aus der Wirtschaft, der über Trainingsbeispiele o.a. aus diesem Bereich berichtet. Während des Vortags notieren die Teilnehmer Stichpunkte auf grüne oder rote Kärtchen. Grün = Informationsstichpunkte, d.h.: "Hierüber will ich mehr wissen!“ oder "Das verstehe ich nicht.“

Rot = Kritikpunkte, d.h.: "Damit bin ich nicht einverstanden, das sehe ich ganz anders".
Die Kärtchen werden auf einer Pinnwand aufgehängt und im Plenum mit dem Referenten diskutiert.

Beispiel 3: Stationenlernen
(Siehe Baustein 2 'Handlungsorientierte Unterrichtmethoden')
An vorbereiteten Lernstationen bearbeiten die Teilnehmer einzeln, in Partner- oder Gruppenarbeit weiterführende aufgabengesteuerte Texte zum Thema. Die Informationen und Ergebnisse werden im Schneeball-, Puzzelverfahren oder im Plenum ausgetauscht.

Beispiel 4: Mögliche Fragen bei der Lektüre
- Was war bei der Lektüre schwierig?
- Was ist noch unklar?
- Welche Information ist für mich die wichtigste?

Phase	Mögliche Fragen
Das Neue auf die eigene Praxis beziehen: Erörterung von Anwendungs-**Möglichkeiten**	Welche Konsequenzen ergeben sich aus den Erfahrungen und ihrer Reflexion für meinen Unterricht? Welche Impulse, Vorschläge, Materialien kann ich für meinen Unterricht übernehmen? Wie kann ich diese in mein eigenes Unterrichtskonzept integrieren? **Welche Erweiterungen und /oder Veränderungen in meiner Praxis will ich erproben?**

Beispiel für den Bezug auf die eigene Praxis:
Vorbereitung einer Unterrichtssequenz zu dem Seminarthema

Mit Hilfe der Metaplantechnik (Siehe Baustein 2 'Handlungsorientierte Unterrichtsmethoden') planen die Teilnehmer eine Unterrichtssequenz.
(Das hier vorgestellte Beispiel stammt aus der Fortbildungsveranstaltung: 'Handlungsorientierte Unterrichtsmethoden: Methodentraining'. Es fand 1999 in der Staatlichen Akademie für Lehrerfortbildung statt. Teilnehmer waren

niederländische Deutschlehrer im berufsbezogenen Deutsch als Fremdspracheunterricht)
Die Vorbereitung verläuft in den folgenden Schritten:

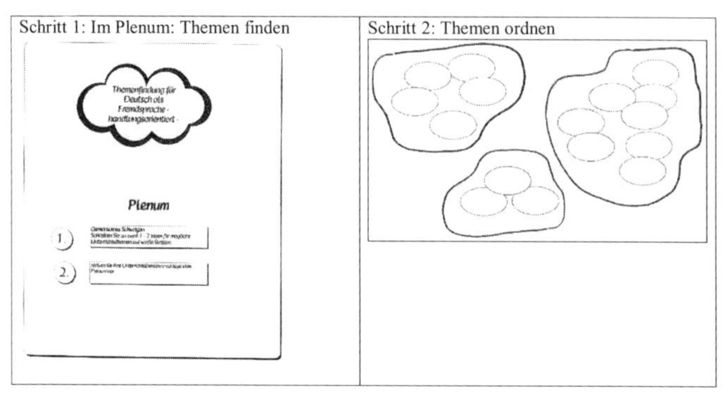

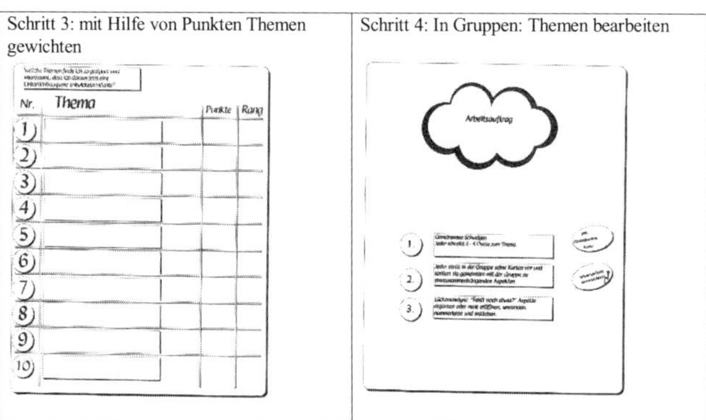

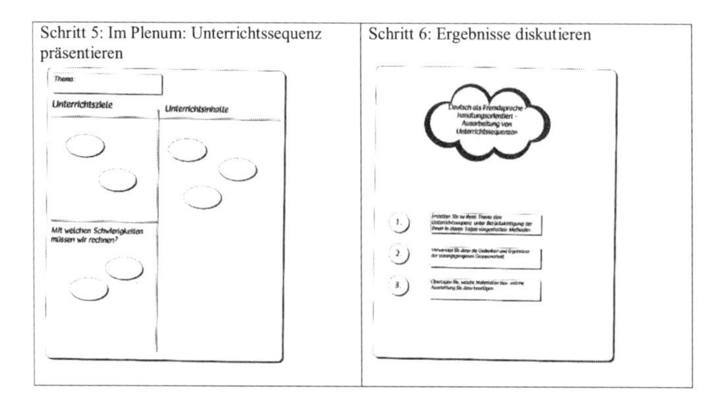

Phase	Mögliche Fragen
Evaluation/Auswertung der Fortbildung	Was haben wir gemacht? Wie fanden wir das? Was kann verbessert werden? Wie geht es weiter? (siehe weitere Fragen in den Beispielen)

Beispiele für die Evaluation/Auswertung einer Fortbildungsveranstaltung

Beispiel 1: Reflexion mit Hilfe unvollständiger Sätze

Reflexion mit Hilfe unvollständiger Sätze

Ich fand interessant...

Für mich war wichtig…

Ich habe gelernt…

Für mich war schwer…

Es wäre für mich besser gewesen...

(Legutke: 20.4.2: 9)

Beispiel 2: Gruppenplakat

Auswertung in Gruppen mit Gruppenplakaten

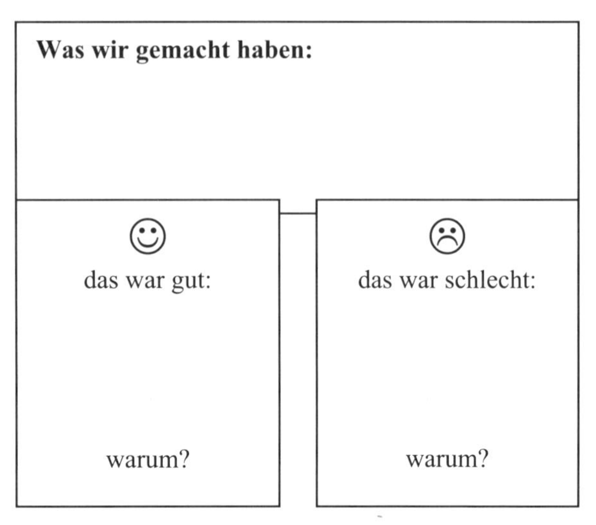

(Meyermann 1999: 68)

Beispiel 3: Fragebogen zur Lehrgangsbewertung

Staatliche Akademie für Lehrerfortbildung (Wirtschaft und Technik)
Esslingen Zell

Lehrgangsbewertung

Liebe Kolleginnen und Kollegen,
Ihre Beurteilung hilft uns, weitere Anregungen in die Fortbildungsarbeit einfließen zu lassen.
Wir bitten Sie deshalb, den Bewertungsbogen auszufüllen.
VIELEN DANK!

Thema des Lehrgangs: ________________________________
Termin: ________________________________
Zielgruppe: ________________________________
Leitung: ________________________________

Persönliche Angaben

unter 30 Jahre	30-40 Jahre	41-50 Jahre	über 50 Jahre	weiblich	männlich

Schulart

Grund-schule	Haupt-schule	Real-schule	Sonder-schule	Gym-nasium	Berufliche Schulen	Sonstige

Gesamturteil

	sehr gut	gut	zufrieden-stellend	nicht zufrieden-stellend	trifft hier nicht zu
Das im Lehrgang erreichte Ergebnis halte ich für					

Erfüllte dieser Lehrgang die Erwartungen im Hinblick auf

	sehr gut	gut	zufrieden-stellend	nicht zufrieden-stellend	trifft hier nicht zu
zielgruppengerechte Aufbereitung der Lehrgangsthematik					
Informationsgehalt					
Umsetzungsmöglichkeiten im Unterricht / bzw. beruflicher Tätigkeit					
Lehrgangsunterlagen					
gewählte Arbeitsformen z.B. Referat, Gruppenarbeit, Diskussion					
Lehrgangsleitung					
Lern –und Arbeitsatmosphäre					

Entsprach die Akademie den Erwartungen hinsichtlich der

	sehr gut	gut	zufrieden-stellend	nicht zufrieden-stellend	trifft hier nicht zu
Seminarräume/Ausstattung					
Verpflegung					
Unterbringung					
Seminarorganisation					

Bei "nicht zufriedenstellend" bitte auf der Rückseite begründen.

Punkte, die als besonders positiv empfunden wurden:
Punkte, die als besonders störend empfunden wurden:
Inhalte, die gefehlt haben, bzw. stärker berücksichtigt werden sollten:
Vorschläge für künftige Fortbildungsveranstaltungen:
Alles, was Sie uns sonst noch sagen wollten:
Begründungen für die mit “nicht zufriedenstellend” beurteilten Kriterien:

ANHANG

Zitate/Thesen

"Lehrerfortbildung ist handlungsorientierte Erwachsenenbildung. (...) Entscheidend ist, dass sie stets auf Erfahrungen im Lehrerberuf bezogen ist, und zwar auf die täglichen Erfahrungen und auch auf die Berufserfahrungen über längere Zeiträume hinweg. Sie hat nichts zu verkünden und sie kann auch nicht 'Transmissionsriemen' einzelner Interessengruppen sein, sondern sie hat zusammen mit den Lehrern aus den Schulen, den Wissenschaftlern und Didaktikern handelnde Theorie erlebbar zu machen.“ (Edelhoff 1999: 37)

"Gewöhnlich werden unter Lehrerfortbildung alle jene Prozesse gefasst, die die erworbenen Qualifikationen (Wissen und Können) erhalten, aktualisieren und dem gesellschaftlichen Wandel anpassen helfen.“ (Legutke: Einführung: 2)

"Veranstaltete Fortbildung versteht sich immer auch als gesellschaftlich notwendiger Beitrag zur Unterrichts- und Schulinnovation.“ (Legutke: Einführung: 2)

"Lehren lernt man durch Lehren: 'learning by doing'. Lehren heißt vor allem auch: Erfahrungen machen; diese Erfahrungen reflektieren und deuten, in Wissenssysteme einordnen, aus ihnen Konsequenzen ziehen; Entscheidungen für neue Handlungen fällen und damit neue Erfahrungen machen. (...) Daneben spielen Beobachtung und Abstraktion/Reflexion eine wichtige Rolle, sie sind jedoch immer bezogen auf diese antizipierten bzw. gemachten Erfahrungen.“ (Legutke: Einführung: 7)

"Lehrerfortbildung muss sich zuerst und vordringlich auf das einlassen, was ist und was die Teilnehmer mitbringen, und kann sich nicht allein daran orientieren, was sein sollte oder könnte. Lehrerfortbildung muss deshalb den Teilnehmer dazu verhelfen zu entdecken, was sie können, über welches Wissen sie verfügen und wie sie ihr Handeln im Unterricht begründen. Erst auf dieser Basis kann Neues aufgenommen werden. Ferner ist zu berücksichtigen, dass es keinen direkten Weg vom Wissen zum Handeln gibt. Neue Handlungsmöglichkeiten bedürfen der Erprobung und Übung, bevor sie in bestehende Handlungsinventare aufgenommen werden können. Es geht folglich um Erweiterung des Bestehenden, um Wachstum, d.h. um Lernen.“ (Legutke: 20.4.2.: 2)

"Vor allen professionellen Qualitäten, die von Lehrern verlangt werden, liegen grundlegende Persönlichkeitsmerkmale und Eigenschaften, die zwar kaum im Curriculum zu planen sind, aber dennoch für das Ziel der 'guten' Schule beschrieben werden müssen. Nach einem Wort von Hartmut von Hentig ist das wichtigste Curriculum des Lehrers seine Persönlichkeit. Dazu zähle ich:

- Begeisterungsfähigkeit, Neugier, Lernfähigkeit;
- Fähigkeit zur Betroffenheit und zum Engagement;
- interkulturelle und soziale Kompetenz;
- Ich-Stärke, Zivilcourage und die Kraft, zu sich selbst zu stehen;
- Kinder- und Menschenliebe; Empathie und Mitleidensfähigkeit;
- die Fähigkeit, sich anderen zu öffnen;
- die Fähigkeit zum Dialog."

"Kann man Persönlichkeit lernen?"

"Lehrerfortbildung müsste Erlebnisse der Internationalität verschaffen und theoretisch durchdringen. Konkret bedeutet dies, dass wir die fachlichen Fortbildungsveranstaltungen deutlich internationalisieren müssen. Lehrkräfte müssen in Seminaren, Tagungen und Kursen selbst erleben können und verarbeiten lernen, was es mit einer fremden Sprache und Interkulturalität auf sich, hat."
(alle: Edelhoff 1999: 36/37)

"Wann ist Unterricht, wann ist ein Lehrer, eine Lehrerin gut?

- Unterricht ist gut, wenn die Schüler etwas lernen?
- Unterricht ist gut, wenn das Thema interessant ist?
- Unterricht ist gut, wenn der Lernprozess richtig strukturiert ist und möglichst exakt dem vorgesehenen Ablauf entspricht?" (...)

(Krumm 1999: 61)

"Der Wunsch der Lehrenden, in der Fortbildung konkrete Materialien und Hilfestellungen für die Unterrichtspraxis zu bekommen, entspringt dem Bedürfnis nach Orientierung und Sicherheit auf dem Weg von Fortbildung zur Umsetzung in die Praxis." (Meyermann 1999: 70)

Dossier

Betriebserkundung

Didaktischer Ort von Erkundungen
Erkundungen unterscheiden sich von bloßen Besichtigungen dadurch, dass es sich um unterrichtlich angeleitete Begegnungen mit Menschen und ein gezieltes Lernen "vor Ort" handelt. Unter Anleitung sorgfältig ermittelter Fragestellungen werden in methodisch durchdachter Form Informationen eingeholt und ausgewertet , die sich in Teilantworten zu neuen Erkenntniszusammenhängen verknüpfen. Hier vollzieht sich in idealer Weise die so oft geforderte Verbindung von Theorie und Praxis.

Betriebserkundungen
Im berufsvorbereitenden Unterricht werden Erkundungen in der Regel als Betriebserkundungen veranstaltet, zum Beispiel in Unternehmen, Behörden, auf Märkten und Messen.
Sie können vornehmlich zwei unterschiedliche Funktionen erfüllen:
- Betriebserkundungen als Vororientierung
eignen sich als Einstieg in einen neuen Themenbereich und vermitteln ein gewisses Verständnis für die weitere Beschäftigung damit im Unterricht
- Betriebserkundungen als Praxisanalyse / Praxistest
realisieren eine planmäßig im Unterricht vorbereitete Untersuchung im Praxisbereich, die anschließend im Unterricht aufgearbeitet und vertieft wird.
Wir gehen in der weiteren Behandlung von diesem Fall der Praxisanalyse aus.
Methodisch können Betriebserkundungen als Allein-, Gruppen- oder Klassenerkundungen durchgeführt werden.

Organisation
In der Regel werden Betriebserkundungen in drei Arbeitsphasen organisiert.

(1) Vorbereitungsphase
1. Abstimmung der Erkundung mit dem Betrieb
   - ❑ Kontaktaufnahme mit Betrieben
   - ❑ Vorerkundung des Betriebes
     - o Betriebsaufbau, Organisation, Produkte/Dienste und Spezifik des
     - o Erkundungsbereiches erläutern lassen
     - o Betriebsrundgang /-besichtigung durchführen
     - o Informations-, Verständnisfragen klären
   - ❑ Absprachen für die Erkundung

  - o Erkundungsschwerpunkt erläutern
  - o Ablauf der Erkundung, Zeitplan, Organisation und Auswahl der Erkundungsbereiche (Arbeitsplätze, Abteilungen, Werkstätten usw.)
  - o Fotografier- und Interviewerlaubnis einholen

2. Abstimmung der Erkundung in der Schule
   - ❑ Rechts- und Versicherungsfragen abklären und den Schülern erläutern
   - ❑ Schulleitung informieren und Genehmigung bei der Schulaufsicht einholen
   - ❑ Vertretungsfragen regeln
   - ❑ Arbeitsmittel wie z.B. Kassettenrekorder, Videokamera und Fotoapparate bereitstellen bzw. von den Schülern besorgen lassen
   - ❑ Kostenfrage regeln (z. B. für Fahrt und Verpflegung) / Zuschüsse
3. Unterrichtliche Organisation
   - ❑ Informationen über den zu erkunden den Betrieb vermitteln (Betriebsmodell, Branche, usw.)
   - ❑ Ziele der Betriebserkundung mit den Schülern festlegen
   - ❑ Kosten der Erkundung besprechen und Teilnahme aller Schüler sicherstellen
   - ❑ Beobachtungs- und Befragungsschwerpunkte festlegen
   - ❑ Erkundungsunterlagen entwickeln bzw. vorhandene modifizieren
     - o Beobachtungsleitfaden
     - o Erkundungsfragebogen
   - ❑ Beobachtungs- und Befragungstechniken einüben
   - ❑ Organisatorisch-technische Absprachen: ggf. Klärung des zeitlichen und organisatorischen Ablaufs, Medieneinsatz
   - ❑ Allgemeine (themenabhängige) Vorbereitung
     - o Verhalten im Betrieb
     - o Unfallverhütungsvorschriften

(2) Durchführungsphase

- ❑ Begrüßung, Vorstellung und Einleitungsgespräch
- ❑ Erkundungsgang
- ❑ Abschlussgespräch
  - o Sach-, Verständnisfragen klären
  - o Fragen, die durch Beobachtungen nicht geklärt werden können.
- ❑ Betriebsangehörige (Betriebsleiter, Betriebsrat, Facharbeiter, Auszubildende u. a.) für Expertengespräche, -interviews im nachbereitenden Unterricht einwerben

(3) Auswertungsphase

- ❑ Sammlung der Beobachtungen, Eindrücke und Erfahrungen (stichwortartig)

- Systematische Auswertung der Erkundungsunterlagen und Materialien (Fragebogen, Beobachtungsleitfaden, Erkundungsfragebogen, mitgebrachte Proben, lnformationsmaterialien wie Grafiken, Bücher, Prospekte, Fachzeitschriften und Fotografien, Videofilme etc.)
- Anfertigen eines Erkundungsberichtes und ggf. einer Dokumentation der Erkundung
- Betrieb danken und evtl. Kopien der Erkundungsergebnisse beifügen
- Einordnung der Erkundungsergebnisse in das Generalthema der Unterrichtseinheit

Die Darstellung folgt weitgehend B.O. Weitz 1998: 53.

Betriebserkundung und Fremdsprachenunterricht
Im Kontext des Fremdsprachenunterricht liegt es nahe, eine Betriebserkundung vornehmlich als Kommunikationserkundung durchzuführen. Das Ziel besteht darin, sich ein Bild von der Art und Weise zu verschaffen, in der Mitarbeiter eines Betriebes miteinander und mit Geschäftspartnern von außen (Kunden, Lieferanten etc.) kommunizieren. Allgemein gibt eine Kommunikationserkundung Antwort auf die Frage:
Wer kommuniziert in welcher Sprache mit wem mit welchem Medium worüber?
Der Lernende soll unter anderem aktiv recherchieren, über welche Sachverhalte er in seinem zukünftigen Beruf in der Fremdsprache verstehend und sprechend/schreibend agieren können muss und welche fremdsprachlichen Mittel er dafür braucht.
Wenn ein Praktikum im Zielsprachenland vorgesehen ist, ist es besonders wichtig, die Beobachtungs- und Befragungsaufgaben für die Erkundung im Fremdsprachenunterricht sorgfältig vorzubereiten.

Kommunikationserkundung im Betrieb

Zur didaktischen Einführung

Diese Anleitung zur Kommunikationserkundung im Betrieb ist für Lehrer Deutsch als Fremdsprache in Berufsschulen gedacht, die ihren Fremdsprachunterricht an der künftigen Berufspraxis ihrer Schüler orientieren wollen. Diese Lehrer müssen für die Fremdsprache Deutsch bestimmte Fragen beantworten:

- Welchen beruflichen Anforderungen müssen meine Schüler gewachsen sein? Für welche Situation in ihrem Beruf muss ich meine Schüler vorbereiten, damit mein Fremdsprachunterricht zu ihrer beruflichen Qualifikation beiträgt?
- Was müssen sie verstehen und lesen, was sprechen und schreiben können?

- ❑ Welche Einsichten will ich ihnen in den Gebrauch der Fremdsprache vermitteln, der für die Berufsausübung unerlässlich ist?
- ❑ Wie kann ich sie motivieren, sich auch sprachlich auf ihren Beruf vorzubereiten?

Die Erkundung der Kommunikation ist eine Methode des handlungsorientierten Unterrichts; sie dient dazu, eine Brücke zwischen Berufsausbildung und Berufspraxis zu schlagen. Ihr Ziel ist es, *Arbeitsabläufe der Kommunikation in einem bestimmten Praxisfeld* zu untersuchen, deren Probleme und Anforderungen zu erforschen und die Fähigkeiten zu bestimmen, die man benötigt, um an diesen Arbeitsabläufen erfolgreich teilnehmen zu können. Erkundungen erlauben es Lehrern und Schülern, selbst in der beruflichen Praxis Erfahrungen zu sammeln und diese gezielt für Unterricht und Lernen auszuwerten.
Die *Erkundung der Kommunikation* im Beruf ist als Methode des Fremdsprachunterrichts besonders gut geeignet. Der Fremdsprachunterricht zielt natürlich darauf, Schüler für die Bewältigung von Kommunikationssituationen in der Fremdsprache auszubilden. In der Berufsschule steht dann die Bewältigung *beruflicher* Situationen an erster Stelle. Ein Berufsschüler muss also für seinen Fremdsprachunterricht zwei Fragen beantworten können:

1. Wenn ich für einen bestimmten Beruf ausgebildet werde: In welchen Situationen des Arbeitsplatzes spielt dann die Fremdsprache eine Rolle?
2. Welche sprachlichen Fähigkeiten sind in diesen Situationen gefordert; geht es um aktive oder passive Sprachbeherrschung, um mündlichen oder schriftlichen Sprachgebrauch, um Standardtexte oder kreative Texte ?

Die Erkundung im Betrieb ermöglicht es, beide Fragen zu beantworten. Damit liefert sie die Motivation, eine Fremdsprache zu lernen. Gleichzeitig liefert sie die Grundlage dafür, realistische Lernziele zu bestimmen und praxisnahes Lernmaterial zu entwickeln und im Unterricht zu erproben.
In dieser Anleitung wendet sich die Erkundung an Lehrkräfte Deutsch als Fremdsprache, die ihre Schüler die Kommunikation in ihrer zukünftigen Berufspraxis erkunden lassen wollen. In diesem Sinne stellt die Anleitung einen Steinbruch zur Verfügung, dessen Bausteine für didaktische Entwürfe, Unterrichtsreihen und Projektarbeit verwendet werden können.

Es wird versucht, diese Anleitung für zwei unterschiedliche Verwendungsweisen in der Schulpraxis zu schreiben. Sie kann einmal benutzt werden, um - z.B. im Rahmen eines Betriebspraktikums - eine Erkundung der fremdsprachlichen Kommunikation in einem Betrieb tatsächlich vorzubereiten und durchzuführen. Voraussetzung für diese Verwendungsweise ist natürlich, dass die Schüler in Betrieben arbeiten, Information über den Gebrauch der Fremdsprache sammeln

und auch Dokumente in der Fremdsprache zusammenstellen können. Oft kann diese Voraussetzung nicht erfüllt werden. Und dann liefert diese Anleitung authentische Dokumente aus der Wirtschaft, mit denen man Betriebserkundungen simulieren kann, ohne dass man die Schule verlassen muss.
Diese Erkundung richtet sich auf drei Berufsfelder: *Touristik, Hotellerie,* und *Logistik*. In diesen Feldern spielt Deutsch als Fremdsprache in Europa eine wichtige Rolle. Deswegen stammen die Beispiele aus diesen Arbeitsbereichen. Es ist keineswegs ausgeschlossen, diese Anleitung auch für andere Berufsfelder ebenso wie für andere Sprachen zu verwenden; dies setzt allerdings voraus, dass entsprechende alternative Dokumente als Beispiele der Erkundung zur Verfügung stehen.

Definition und Ziel der Kommunikationserkundung

Was wird in einer Erkundung der Kommunikation untersucht?
In einer Kommunikationserkundung wird untersucht, wie ein Wirtschaftsunternehmen aufgebaut ist, und wie die Abteilungen dieses Unternehmens an der Kommunikation nach innen und nach außen teilnehmen. Ganz allgemein gesagt, gibt eine Kommunikationserkundung Antwort auf die Frage: *Wer kommuniziert in welcher Sprache in welchem Medium mit wem worüber?*

Beispiel 1: Ein Kunde gibt einem Prager Reisebüro den Auftrag, für sich und seine Frau eine Pauschalreise für zwei Wochen nach Ibiza zu buchen. Der deutsche Konzern TUI bietet die besten Konditionen. Welche Kommunikationsprozesse - informieren, anbieten, nachfragen, absprechen, Vertrag abschließen usw. - laufen ab, bis der Kunde die Reiseunterlagen erhalten und bezahlt hat?

Beispiel 2: Ein niederländischer Fernfahrer bekommt von seinem Vorgesetzten den Auftrag, einen Kühlcontainer bei einem Betrieb in der Nähe von Warschau aufzuladen und nach Zeebrugge zum Fährtransport nach Dover zu bringen. Welche Kommunikationsprozesse laufen ab zwischen der Abfahrt des LKWs in den Niederlanden und der Ablieferung des Containers in Zeebrugge?

Immer geht es um dieselben *drei Kernfragen*:

1. Wer spricht bzw. schreibt wann mit wem in welchem Medium?
2. Was ist der Inhalt des Gesprächs/ bzw. es Schriftwechsels, und welches Ziel wird damit verfolgt?
3. Welche Sprache und welche Textsorte wird benutzt

Wer führt eine Erkundung zur Kommunikation durch und welches Ziel verfolgt er dabei?
Die Kommunikationserkundung ist ein wichtiger Teil der Berufsausbildung. Sie wird von Auszubildenden durchgeführt, die ein Praktikum in einem Betrieb ihres Berufsfeldes machen. Das Ziel der Praktikanten besteht darin, sich ein zuverlässiges Bild von der Art und Weise zu verschaffen, in der Angehörige eines Betriebes miteinander und mit Geschäftspartnern (Lieferanten, Kunden) kommunizieren.

Die Untersuchung der Kommunikation eines Betriebes ist dann besonders wichtig, wenn sie (zum Teil) in einer Fremdsprache abläuft: Dann muss der Auszubildende nämlich nicht nur die Sachverhalte kennen, über die gesprochen oder geschrieben wird; er muss sich auch die sprachlichen Mittel der Fremdsprache aneignen, die er benötigt, um Aufgaben der Fremdsprachenkommunikation in seinem (zukünftigen) Beruf gewachsen zu sein.

Beispiel 3: Der niederländische Kraftfahrer aus Beispiel 2 bekommt seine Auftrag in seiner Muttersprache Niederländisch. Auf dem Wege zu seinem Zielort in Polen muss er sich aber auf Deutsch (vielleicht auch auf Englisch) verständigen; in Polen wird er Deutsch oder Englisch benutzen. Auch seine Frachtpapiere sind vermutlich in einer Fremdsprache abgefasst; dasselbe gilt für den Vertrag, den der polnische Betrieb mit dem niederländischen Spediteur abgeschlossen hat usw.

In der Betriebsrecherche erkundet der Auszubildende während eines Betriebspraktikums die Kommunikationsaufgaben, die er später in seinem Beruf bewältigen muss. Dabei spielt hier Deutsch als Fremdsprache eine wichtige Rolle: In der Betriebsrecherche sammelt der Auszubildende Information darüber, was er in der Fremdsprache Deutsch lernen muss, um sich auf seinen Beruf als Fernfahrer, Hotelkaufmann, Spediteur, Reiseleiter usw. gut vorzubereiten.

Der Aufbau eines Betriebs
Jedes größere Wirtschaftsunternehmen besteht aus einer Anzahl von Abteilungen, die bestimmte Arbeiten ausführen: Werbung, Produktion, Produktentwicklung, Einkauf, Verkauf, Akquisition, Finanzwesen, Personal usw. . Die Mitarbeiter einer Abteilung führen alle ähnliche Teilaufgaben aus, die zusammen den ganzen Aufgabenbereich der Abteilung abdecken. Dies gilt auch für die Kommunikation: Jede Abteilung führt genau festgelegte Arten von Gesprächen und Schriftwechseln aus, die für ihren Arbeitsbereich charakteristisch sind. Diese Gespräche und Schriftwechsel bilden das *Kommunikationsprofil* der Abteilung.

Der Aufbau eines Betriebes kann in einem Organigramm dargestellt werden; ein Organigramm beschreibt in einem Schema, wie dieser Betrieb in unterschiedlichen Abteilungen organisiert ist. Die Abteilungen haben verschiedene Aufgaben; und diese unterschiedlichen Aufgaben schlagen sich auch in unterschiedlichen Profilen der Kommunikation nieder. Die W-Fragen der Kommunikation - *wer, mit wem, in welcher Sprache in welchem Medium, worüber* - müssen für jede Abteilung anders beantwortet werden.
Organigramm eines Betriebes
Ein Organigramm sieht aus wie ein Baum mit sehr großen Blättern und dem Stamm nach oben. Auf den Blättern werden die unterschiedlichen Abteilungen benannt, aus denen ein Betrieb besteht. Die Äste zwischen den Blättern geben an, wie in dem Betrieb Aufgaben erteilt und kontrolliert werden. Befehle und Kontrolle laufen von oben nach unten. Eine Abteilung führt die Aufgaben aus, die sie von der Abteilung im Ast über ihr erhalten hat, und die Abteilung oben kontrolliert alle Abteilungen am Ast unter ihr. Die Direktion ganz oben am Stamm führt das ganze Unternehmen.
Das Organigramm stellt die Arbeitsteilung innerhalb eines Unternehmens dar. Außerdem zeigt es, wie innerhalb eines Unternehmens Arbeitsaufträge erteilt und empfangen werden. Deswegen sagt das Organigramm auch, wie die Kommunikation in einem Betrieb organisiert ist: Es enthält die Antworten auf drei wichtige W-Fragen: *Wer – mit wem – worüber*? Sind zwei Abteilungen (direkt oder auch indirekt) mit einem Ast verbunden, dann kommunizieren sie miteinander (*wer – mit wem*); und der Name einer Abteilung (z.B. *Verkauf* oder *Personalabteilung*) nennt auch das Thema, über das diese Abteilung (hauptsächlich) redet und schreibt.

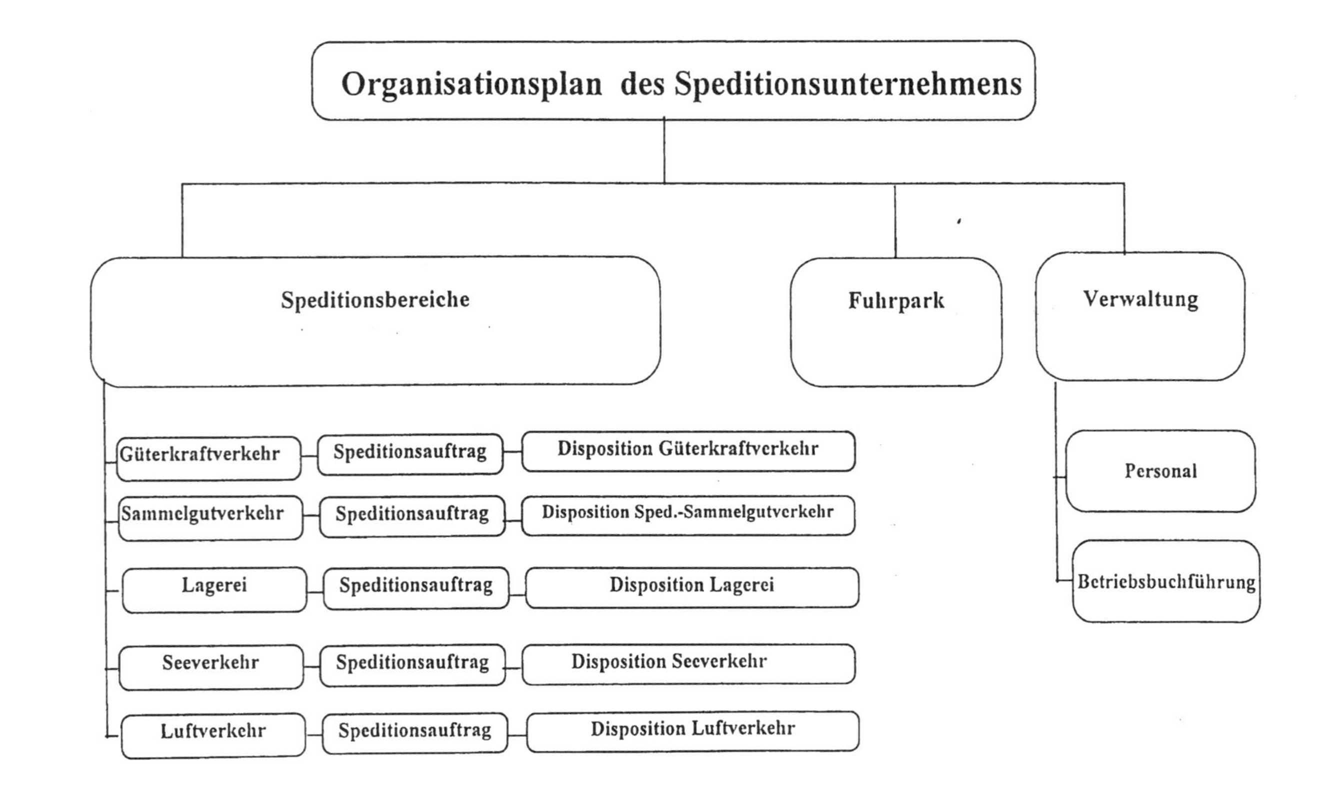
Organisationsplan des Speditionsunternehmens
Speditionsbereiche
Fuhrpark
Verwaltung
Güterkraftverkehr
Speditionsauftrag
Disposition Güterkraftverkehr
Sammelgutverkehr
Speditionsauftrag
Disposition Sped.-Sammelgutverkehr
Lagerei
Speditionsauftrag
Disposition Lagerei
Seeverkehr
Speditionsauftrag
Disposition Seeverkehr
Luftverkehr
Speditionsauftrag
Disposition Luftverkehr
Personal
Betriebsbuchführung

Erkundung der Kommunikation Deutsch als Fremdsprache: Kommunikationsprofile

Wenn man die Kommunikation eines Unternehmens genauer untersuchen möchte, dann bietet ein Fragebogen dazu gute Möglichkeiten. Ein solcher Fragebogen kann Mitarbeiter verschiedener Abteilungen dazu auffordern, die W-Fragen der Kommunikation für ihren eigenen Arbeitsplatz zu beantworten. Die Antworten ergeben ein genaues Bild der Kommunikation: Wer kommuniziert mit wem, was ist das Thema, was geschieht schriftlich, und was mündlich, was am Telefon und was im direkten Gespräch? So wird auch sehr deutlich, welche Anforderungen der Kommunikation ein bestimmter Arbeitsplatz an einen Mitarbeiter stellt.

Auch den Gebrauch der Fremdsprache Deutsch in einem Betrieb kann man erkunden, indem man Mitarbeiter des Betriebs bittet, einen Fragebogen auszufüllen. Eine andere Methode besteht darin, mit den Mitarbeitern Interviews abzunehmen und in diesem Interviews Fragen zur Kommunikation in der Fremdsprache Deutsch zu stellen.

Beispielbrief für die Kontaktaufnahme mit Betrieben

Dieser Brief wird in der jeweiligen Landessprache verschickt.

> Absender
>
> Empfänger
>
> Ort und Datum
>
> Betreff
>
> Sehr geehrte Damen und Herren,
>
> im Rahmen der Intensivierung des Deutschunterrichts an unseren Schulen versuchen wir, praxisnahe Ausbildung zu praktizieren. Hierzu brauchen wir Ihre Unterstützung.
>
> Wir fügen diesem Schreiben einen vorbereiteten Fragebogen bei. Bitte füllen Sie diesen aus und senden Sie ihn uns im beiliegenden Freicouvert umgehend zu. Ihre Angaben werden selbstverständlich vertraulich behandelt.
>
> Mit freundlichen Grüßen
>
> Anlage: Fragebogen für Spedition

Hier die Anlage zum Brief. Dieser Fragebogen wird in der Landessprache verschickt.

Fragebogen

	Ja	Nein
Ist Ihre Firma im Auslandsgeschäft tätig?		
Beabsichtigen Sie, im internationalen Markt tätig zu werden?		
Angabe zur Firmengröße		
1 – 15 Mitarbeiter		
16 – 30 Mitarbeiter		
31 – 50 Mitarbeiter		
> 50 Mitarbeiter		
Welcher Art sind Ihre speditionellen Tätigkeiten?		
Import/Erwerb		
Export/Verbringung		
Mit welchen Verkehrsträgern führen Sie Ihre Geschäfte durch?		
LKW		
Bahn		
Binnenschiff		
Flugzeug		
Küstenmotorschiff		
Seeschiff		
(für deutsche Unternehmen)		
Benötigen Sie hierzu die deutsche Sprache?		
(Für deutsche Unternehmen: Welche Fremdsprache(n) benötigen Sie hierzu?		

Dankesbrief und weitere Nachfrage. Auch dieser Brief wird in der Landessprache verschickt.

> Absender
>
> Empfänger
>
> Ort und Datum
>
> Betreff: Bitte um Besuch
>
> Sehr geehrte Damen und Herren,
>
> wir danken Ihnen, dass Sie uns die Fragebögen zu Angaben über Ihren Betrieb zurückgeschickt haben.
>
> Wir entnehmen daraus, dass Sie mit deutschsprachigen Ländern zusammenarbeiten. Deshalb wenden wir uns an Sie mit der folgenden Bitte: Um unseren Deutschunterricht mehr berufsbezogen bzw. praxisorientiert zu gestalten, möchten wir Ihren Betrieb besuchen, und Ihre Mitarbeiter befragen über Ihre Tätigkeiten im Betrieb und den Gebrauch einer oder mehrerer Fremdsprachen am Arbeitsplatz.
>
> Wir werden diesbezüglich bald telefonisch Kontakt aufnehmen und würden uns freuen, wenn Sie an diesem Projekt mitarbeiten würden.
>
> Mit freundlichen Grüßen

Leitfaden für ein Gespräch im Rahmen einer Kommunikationserkundung in einem Speditionsunternehmen.

> In welcher(n) Abteilung(en) wird Deutsch gesprochen?
> Wer kommuniziert mit wem?
> Worüber wird kommuniziert?
> Wann wird kommuniziert? In welchen Situationen, betrieblichen Abläufen?
> Wie wird kommuniziert: mündlich: Telefon, face to face – schriftlich: Fax, Email, Brief
> Welches Fremdsprachenniveau muss vorhanden sein?
> Wie schätzen Sie den künftigen Fremdsprachenbedarf ein?
> Welche Bedeutung haben Fremdsprachenkenntnisse bei der Einstellung

Welche Erwartungen haben Betriebe hinsichtlich der Fremdsprachenausbildung an den Schulen? Landesspezifische Aspekte: Inwiefern sind Informationen über Umgangsformen, kulturelle Unterschiede usw. wichtig für das adäquate Kommunizieren in der fremden Sprache?

Betriebserkundung: Beispiel für einen Fragebogen zur Kommunikationserkundung in einem Speditionsunternehmen

Fragebogen

In welcher(n) Abteilung(en) wird Deutsch gesprochen?

....

....

....

Geschieht die Kommunikation
- telefonisch
- in persönlichen Kontakten
- per Fax
- per Brief
- per e-mail
- Internet

Wird Deutsch bei der Auftragserteilung benutzt?

☐ja ☐nein ☐manchmal

Sind die vorhandenen Deutschkenntnisse dafür Ihrer Meinung nach ausreichend?

☐ja ☐nein

Hat Ihr Unternehmen regelmäßig mit deutschen Vorschriften und deutscher Gesetzgebung zu tun?

☐ja ☐nein

Sind die Fremdsprachenkenntnisse in diesem Fall ausreichend?

☐ja ☐nein ☐manchmal

Werden in Ihrem Unternehmen regelmäßig deutsche Broschüren und/oder Zeitschriften gelesen?

☐ja ☐nein

Sind die Deutschkenntnisse Ihrer Fahrer Ihrer Meinung nach ausreichend?
☐ja ☐nein

Sind in der Vergangenheit schon einmal Probleme aufgrund von nicht ausreichenden Deutschkenntnissen entstanden?
☐ja ☐nein

Wenn ja, können Sie ein Beispiel dafür nennen?

Achten Sie bei der Einstellung neuer Mitarbeiter auf Fremdsprachenkenntnisse?
☐ja ☐nein

Wird in Zukunft der Bedarf an Deutschkenntnissen eher
☐zunehmen
☐abnehmen
☐gleich bleiben

Sind mehr Kenntnisse über das Land, das Volk, die Umgangsformen
☐absolut notwendig
☐unnötig
☐sinnvoll

Können Sie selbst weitere Situationen nennen, in denen in Ihrem Unternehmen Deutsch verwendet wird?

Können Sie die Engpässe hinsichtlich der Deutschkenntnisse in Ihrem Unternehmen kurz zusammenfassen?

Wir danken Ihnen für Ihre Mühe.

Beispiel für das Protokollieren einer Kommunikationserkundung

Kommunikationserkundung
(Wer kommuniziert mit wem worüber ...?)

Wer? (Funktion/ Abteilung)	Mit wem? Funktion/Abteilung)	Worüber?	Wie?*	Wo?	Wann?

*Das Wie kann sein:

Mündlich:
telefonisch (t)
in persönlichen Kontakten (pK)
per E-Mail (e)

Schriftlich:
per Brief (b)
per Fax (f)

Jede Abteilung eines Betriebes ist durch ein eigenes *Kommunikationsprofil* gekennzeichnet. Das bedeutet, dass die W-Fragen der Kommunikation - *wer, mit wem, worüber, wie, wo, wann* - auf eine charakteristische Art beantwortet werden müssen. Für eine bestimmte Abteilung können die Antworten auf diese Fragen in einer Tabelle zusammengestellt werden. Diese Tabelle des Kommunikationsprofils zeichnet ein sehr genaues Bild von dem Netzwerk, in dem eine bestimmte Abteilung eines Betriebes arbeitet.
Man kann die Kommunikationsarten eines Betriebes und seiner verschiedenen Abteilungen auch in einem *Tortenmodell* schematisch darstellen. Dieses Tortenmodell sagt etwas aus über die *Häufigkeit* der unterschiedlichen Weisen, in denen kommuniziert wird: mündlich oder schriftlich, telephonisch oder per Fax usw. Die ganze Torte entspricht 100 % aller Kommunikationsereignisse (Schriftstücke und Gespräche); Jedes Tortenstück steht für eine bestimmte Art der Kommunikation, z.B. Brief oder Telefonat. Je größer das Stück, desto häufiger die dargestellte Art der Kommunikation.

Kommunikationstorte

Schriftlich *mündlich*

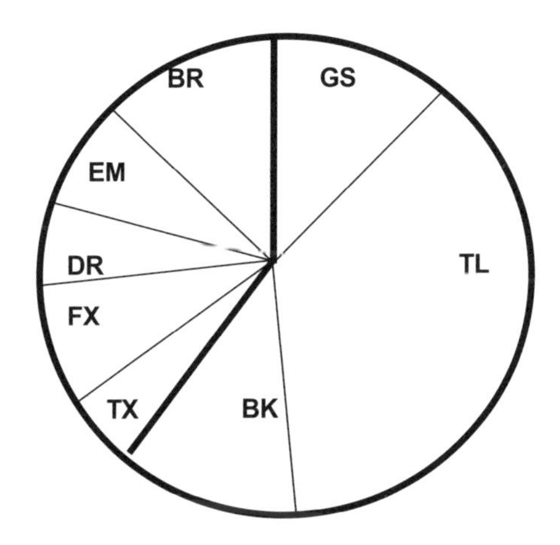

Erläuterung:

Schriftlich: 40%	Mündlich:60%
Brief (BR): 12% Fax (FX): 9% Telex (TX): 5% Drucksache (DR): 6% Email (EM): 8%	Gespräch (GS): 12% Telephongespräch (TL): 36% Besprechung/Konferenz (BK): 12%

Ketten der Kommunikation
Ein Ereignis der Kommunikation – ein Brief, ein Anruf, ein Fax, ein Email – kommt selten allein. Kennzeichnend für Kommunikationsprozesse ist vielmehr, dass sie in der Regel aus einer (oft langen) Kette von Ereignissen bestehen, die miteinander eng verknüpft sind: eine Anfrage zu einem bestimmten Produkt führt zu einer Auskunft, zur Anforderung eines Angebots, die wieder zu einem Angebot, das zu einer Bestellung führt, die zu einer Lieferung (mit Begleitpapieren und Lieferschein) führt, die mit einer Rechnung verknüpft wird, die bezahlt wird; die Lieferung kann (ebenso wie eine zu hohe Rechnung) zu

einer Reklamation führen, die wieder einen ausführlichen Telefon- und Schriftverkehr nach sich ziehen kann usw.
Ein Wort gibt das andere: Jeder Text ist eine Antwort auf einen vorangehenden Text und gleichzeitig die Aufforderung zu einem neuen. Die Texte sind wie die Glieder einer Kette untereinander, aber auch mit allen Aktivitäten des Unternehmens verknüpft. Jedes Unternehmen muss ein ganzes Netz von solchen Handlungsketten der Kommunikation funktionieren lassen. Je reibungsloser, wirkungsvoller und kostengünstiger dieses Netz funktioniert, desto leistungsfähiger ist der Betrieb.
Die Wirtschaftskommunikation ist dadurch besonders gekennzeichnet, dass die Ketten der Kommunikation eng mit den wichtigen Aktivitäten eines Wirtschaftsbetriebs verwoben sind. In modern arbeitenden Betrieben werden diese wichtigen Ketten der Kommunikation in Computersystemen automatisiert und kontrolliert. So verfügen beispielsweise Hotelketten über Buchungssysteme, die die auf den Gast gerichteten Aktivitäten von der Buchung über Reservierung, Einchecken, Service, Auschecken, Rechnung, Buchung, Mahnung usw. genau steuern. Diese Steuerung betrifft auch die Kommunikation, die mit all diesen Handlungsschritten verbunden ist (z.B. Bestätigung der Buchung, Vorauszahlung, Information über die Anreise usw. in Standardbriefen, Broschüren usw.)

Beispiel 4: Die Rezeption eines Hotels führt Gespräche mit Gästen, die einchecken und auschecken; sie nimmt Telephongespräche an und stellt sie in die Gästezimmer oder in andere Abteilungen des Hotels durch; sie gibt direkt mündlich und telephonisch Auskünfte aller Art und führt am Telephon Buchungen, Stornierungen etc. aus usw.; sie tut dies nach Möglichkeit in der Sprache des Gastes oder in einer internationalen Verkehrssprache (Englisch). In der Organisation der Abteilung ist die Arbeitsteilung festgelegt, mit der die Mitarbeiter die Kommunikationsaufgaben der Abteilung ausführen.

Beispiel 5: Ein Reisebüro verkauft Dienstleistungen des Tourismus. Es leistet diese Dienste – Reisen mit bestimmten Verkehrsmitteln, Unterkünfte, Verpflegung, Unterhaltung usw. – nicht selbst, sondern es vermittelt zwischen Kunden und solchen Betrieben (Reiseunternehmen, Hotels, Restaurants), die diese Dienste liefern. Auf diese Aufgabe ist die Kommunikation des Reisebüros genau abgestimmt: Die Kette der Kommunikationsereignisse beginnt beim Ansprechen von potentiellen Kunden (Briefe, Plakate, Broschüren, Anzeigen, Werbung in den Massenmedien), erstreckt sich übers Informationsgespräch mit Kunden und Verhandlungen mit Geschäftspartnern, die Dienstleistungen anbieten, bis hin zu Verkaufsgespräche und Vertragsabschlüssen, Rechnungen und Buchungen.

Texte der Wirtschaftskommunikation Deutsch als Fremdsprache
In international arbeitenden Unternehmen der Reisebranche und der Spedition überschreitet ein Teil der Kommunikation die Grenzen des Sprachgebietes, in dem ein Unternehmen angesiedelt ist. In der Regel muss dann in einer Fremdsprache kommuniziert werden: Entweder in der internationalen Verkehrssprache Englisch oder in der Sprache des Partners, der in der Kommunikation eine dominante Position hat (zum Beispiel der Kunde, dem man etwas verkaufen will, oder ein einflussreicher Konzern, der sich für eine bestimmte Verkehrssprache entschieden hat).
Die fortschreitende Integration der europäischen Nationen in der Europäischen Union erfordert mehr und mehr Mehrsprachigkeit der Europäer. Dies gilt selbstverständlich auch für die gemeinsame Wirtschaft. Während in dieser Mehrsprachigkeit die internationale Verkehrssprache Englisch eine ganz wichtige Rolle spielt, nimmt gleichzeitig auch die Bedeutung der Nachbarsprachen zu. So entstehen Regionen – z.B. zwischen den deutschsprachigen Ländern und ihren zwölf Nachbarn mit anderen Sprachen - in denen die Wirtschaft Schritt für Schritt über die Grenzen zusammenwächst.
In den Bereichen Logistik und Touristik, die wir hier als Beispiele ausgewählt haben, spielt diese Mehrsprachigkeit mit dem Deutschen als Nachbarsprache eine wichtige Rolle. Aufgrund der geographischen Lage der deutschsprachigen Länder in Europa ist die Chance groß, dass Transporte durch diese Länder führen oder Ausgangspunkte oder Ziele in diesen Ländern haben. Ebenso sind Touristen ebenso häufig deutschsprachig wie Reiseziele und Urlaubsorte. Das bedeutet, dass die W-Fragen der Kommunikation – *wer mit wem worüber* usw. – häufig auf Deutsch gestellt und auch beantwortet werden müssen.

Textsorten des Sprachgebrauchs Deutsch als Fremdsprache
Mit dieser Verstärkung der Mehrsprachigkeit und des Deutschen als Sprache des Nachbarn müssen immer mehr Unternehmen im Bereich der Spedition und der Touristik rechnen. Diese Unternehmen benötigen Mitarbeiter, die solchen mehrsprachigen Situationen beruflich gewachsen sind. Wenn es seine Mitarbeiter angemessen auf die Bewältigung dieser deutschsprachigen Situationen vorbereiten will, dann muss ein international aktives Unternehmen drei Fragen beantworten:

1. Welche Teile der Handlungsketten des Unternehmens müssen auf Deutschen ausgeführt werden?
2. Wie sind die Texte aufgebaut, in denen auf Deutsch kommuniziert wird?
3. Welche sprachlichen Mittel des Deutschen müssen beherrscht werden, um diese Texte zu verstehen und zu produzieren?

In diesem Teil geht es vorrangig um die Erkundung der Fragen zwei und drei. Wenn man die Texte und die sprachlichen Mittel des Deutschen als Fremdsprache untersuchen will, dann kann man sich nicht mit Fragebogen oder mit Interviews begnügen: Man muss die Kommunikationsprozesse eines Betriebes *dokumentieren,* damit man Texte (schriftlich und mündlich) und die darin verwendeten sprachlichen Mittel beschreiben kann.

- ❑ Es werden schriftliche Dokumente - Briefe, Aufträge, Rechnungen, Produktbeschreibungen, Fax, Telex, Emails usw. - gesammelt, wie sie für die schriftliche Kommunikation Deutsch als Fremdsprache einer Betriebsabteilung kennzeichnend sind.
- ❑ Es werden mündliche Dokumente - Gespräche, Telephonate - mit Audio oder Video aufgenommen und transkribiert: die Transkriptionen können dann ebenso wie schriftliche Dokumente ach Textaufbau und sprachlichen Mitteln untersucht werden.

Kommunikationsprofile und -torten eines Betriebes oder einer Abteilung geben Aufschluss darüber, *wer mit wem worüber wie* (usw.) kommuniziert; die authentischen Dokumente von diesen (mündlichen und schriftlichen) Verständigungsprozessen zeigen, in *welcher sprachlichen Form* diese Verständigung stattfindet. Der Erkundung der Kommunikationsabläufe wird die Erkundung des Sprachmaterials (Texte und sprachliche Mittel) an dic Seite gestellt.

Checkliste für Tonbandaufnahmen

<u>Vor der Aufnahme</u>

- ❑ Stromanschlussmöglichkeiten?
- ❑ Verlängerungsschnur?
- ❑ Batterien / Reserve?
- ❑ Mikrophon?
- ❑ Kassetten?

- ❑ Probeaufnahme machen
- ❑ Position Mikrophon (alle beteiligten Personen müssen gut zu hören sein)
- ❑ Lautstärke richtig einstellen
- ❑ Zählerstand einstellen

- ❑ eventuell Vorspann einsprechen: wer-wo-wann-worüber

<u>Nach der Aufnahme</u>

- ❑ Band abhören, auf Qualität und Vollständigkeit überprüfen
- ❑ bei eventuell wichtigen Passagen Zählerstand notieren
- ❑ eventuell (wichtige Passagen) transkribieren

- ❑ Kassette beschriften: Datum, Ort, beteiligte Personen, Länge der Aufnahme
- ❑ Namen- und Adressenliste aller beteiligten Personen (mit Tel., Fax, E-mail)
- ❑ Namensliste des Aufnahmeteams
- ❑ Genehmigung einholen bezüglich Verwendung der Aufnahme

Tipps für Videoaufnahmen

I. Technik

1. Allgemein
   - ❑ Stromanschlüsse?
   - ❑ Verlängerungsschnüre?
   - ❑ Kabel?
   - ❑ Externes Mikrophon? (externes Richtmikrophon auf Kamera montiert oft besser als eingebautes, Kameramikrophon oft nicht ausreichend)
   - ❑ Lichtverhältnisse? Scheinwerfer nur in Ausnahmefällen
   - ❑ Stativ oder aus der Hand aufnehmen?
   - ❑ Akkus aufgeladen? (dauert Stunden!)
2. Bild/Licht/Hintergrund
   - ❑ Vorsicht mit Gegenlicht-Effekten (Fenster, helle Wand, weiße Tafel..)- die handelnden Personen werden sonst zu dunkel
   - ❑ Helle Flächen seitlich des Motivs sind am besten
   - ❑ Scheinwerfer nur in Ausnahmefällen
3. Ton
   - ❑ Tonqualität ist oft entscheidender als Bildqualität
   - ❑ Keine störenden Nebengeräusche
   - ❑ Eingebautes Kameramikrophon oft nicht ausreichend, besser: externes Richtmikrophon auf der Kamera montiert
4. Kamera
   - ❑ Kamera so wenig wie möglich bewegen (Stativ oft ruhiger!)
   - ❑ Während der Aufzeichnung möglichst wenig die Einstellung ändern, wenig schwenken, wenig zoomen
   - ❑ Gleichen Kameraabstand zu den verschiedenen ‚Spielern'

II. Inhalt
- Konzept entwickeln (Schüler und Lehrer gemeinsam)
- Dauer/Länge der Sequenz ungefähr festlegen
- Evtl. kleines Drehbuch schreiben

III. Vor der Aufnahme
- Kameramann/-frau bestimmen
- Bei externem Mikrophon: Tontechniker/-in bestimmen
- Evtl. Beleuchter/-in bestimmen
- Standort der Personen bestimmen (ruhigen nicht zu hellen Hintergrund wählen
- Bild kontrollieren auf störende Elemente
- Alle Geräte testen /Probeaufnahme machen
- Zählwerk einstellen
- Evtl. Vorspann einsprechen

IV. Nach der Aufnahme
- Gesamtaufnahme ansehen (bei schlechter Qualität: Aufnahme wiederholen)
- Protokoll der Aufnahme / Transkription (mit Zählerstand)
- Genehmigung einholen bezüglich Verwendung der Aufnahme
- Namens- und Adressenliste aller beteiligten Personen (mit Tel., Fax, email)
- Namensliste des Aufnahmeteams

(vgl. Kittelberger / Freisleben 1994)

Wenn man die Dokumente der Wirtschaftskommunikation näher untersucht, dann liefert diese Erkundung des Sprachmaterials ein ganz wichtiges Ergebnis:

Die Texte der Wirtschaftskommunikation – Briefe ebenso wie Gespräche – sind nach genauen Bauplänen konstruiert; auch die sprachlichen Mittel folgen strengen Regeln.

Textsorte Telephongespräch
Ein Telephongespräch zeigt im Allgemeinen drei Komponenten, von denen zwei spiegelbildlich wiederholt werden:

Grundriss Telephongespräch

A	Gruß (und Identifizierung)
B	Soziales Element
C	Inhaltliches Anliegen
B	Soziales Element
A	Gruß

Der Bauplan ist ABCBA. Der Baustein A ist am Anfang des Telephongesprächs erweitert, weil gleichzeitig mit dem Gruß der Gesprächspartner identifiziert und möglicherweise noch ans Telephon gerufen werden muss, so dass sich dann der Gruß verdoppelt.
Textsorte Geschäftsbrief
Der Geschäftsbrief ist aus sechs Komponenten nach dem Grundriss XYABCBAZ aufgebaut.

Grundriss Geschäftsbrief

X	Briefkopf mit Absender
Y	Anschrift mit Thema
A	Gruß
B	Soziales Element
C	Inhaltliches Anliegen
B	Soziales Element
A	Gruß mit Unterschrift
Z	Anlagen (möglich)

Der Mittelteil entspricht genau dem Grundriss des Telephongesprächs. Die Zahl der Anlagen des Briefes wird natürlich nur genannt, wenn es auch Anlagen zum Brief gibt.
Die Dokumente aus einer Betriebserkundung können anhand dieser (und ähnlicher) Schemata untersucht werden. Das Ergebnis sind eine Reihe von Bauelementen, die zu neuen Texten in der Fremdsprache kombiniert werden können. Auf diese Weise können Baukästen entstehen, aus denen die Mitarbeiter einer bestimmten Firma (einer bestimmten Abteilung) ihre speziellen Texte (mündliche wie schriftliche) zusammensetzen, korrigieren und schließlich auch in der Fremdsprache trainieren können.

Bibliographie

Andered, B./Kwakernaak, E. (2000): *Specific In-Service Trainer Competences.* In: Bliesener, U. (Ed.): Training the Trainers. Theory and Practice of Foreign Language Teacher Education. Köln: Carl Duisberg. S.141-156.

Beneke, J. (2000): *Intercultural Learning. The Culture Logbook – Guideline for Field Work in Foreign Countries.* In: Bliesener, U. (Hrsg.) (2000). *Training the Trainers. Theory an Practice of Foreign Language Teacher Education.* 276-287. Köln: Carl Duisberg.

Biechele, M./Leiprecht, R. (Hrsg.) (1998): *Interkulturelles Lernen durch erlebte Landeskunde. Ein Handbuch für Fortbildungsseminare mit Deutschlehrern aus mehreren Ländern.* Gefördert als ein Europäisches Kooperationsprojekt durch Lingua/Sokrates Brüssel – Kommission der EU.

Bimmel, P. / Rampillon, U. (2000): *Lernerautonomie und Lernstrategien.* Fernstudieneinheit 23. München: Goethe-Institut, Langenscheidt.

Bliesener, U.(Ed.) (2000): *Training the Trainers. Theory and Practice of Foreign Language Teacher Education.* Köln: Carl Duisberg.

Bolton, S. (1996): *Probleme der Leistungsmessung. Lernfortschrittstests in der Grundstufe.* Fernstudieneinheit 10. München: Goethe-Institut, Langenscheidt.

Bundesinstitut für berufliche Bildung (Hrsg.) (1998): *Erläuterungen zur Verordnung über die Berufsausbildung zum Reiseverkehrskaufmann /zur Reiseverkehrskauffrau vom 24. Juni 1998. Erläuterungen und Praxishilfen zur Ausbildungsordnung.* Nürnberg: BW Bildung und Wissen.

Bützer, H.: *Zum Aufbau einer Fortbildungskartei.* In: Handbuch für Spracharbeit: Fortbildung. Teil 6/III. 20.4.0. Eine Publikation des Goethe-Instituts München. O.J.

Christ, W. (2000): *Didaktische Grundlegung eines berufsbezogenen Fremdsprachenunterrichts.* Manuskript vom FmF Kongress. Berlin 2000.

Deutschland, *Forum für Politik, Kultur, Wirtschaft und Wissenschaft.* D1 Nr.1/2001 Februar/März. Frankfurt am Main: Societäts-Verlag.

Donath, R. (Hrsg.) (1998): *Deutsch als Fremdsprache – Projekte im Internet.* Stuttgart: Klett.

Edelhoff, Ch. (1999): *Lehrerfortbildung in Deutschland. Instrument zur Veränderung der Schule oder Service-Einrichtung für Schulen und Lehrer?* In: Fremdsprache Deutsch Sondernummer 1999: Lehrerfortbildung. Stuttgart: Klett Edition Deutsch. S. 34-37.

Eismann, V. (2000): *Wirtschaftskommunikation Deutsch 1.* Berlin/München: Langenscheidt.

Fernandes, E. (2000): *Zelfstandig leren.* Unveröffentlichtes Manuskript. Enschede.

Funk, H. (1992): *Berufsbezogener Deutschunterricht. Grundlagen – Lernziele – Aufgaben.* In: Fremdsprache Deutsch Sondernummer 1992: Berufsbezogener Deutschunterricht mit Jugendlichen. S. 4-15. München: Klett.

Gebauer, K. (1999): Arbeitspapier: *"Europäische Nachbarschaft" – Zeitgeschichte und politisches Bewusstsein im Zusammenhang nationaler und europäischer Identitätsbildung. Sachstand nach der Planungstagung 22. und 23. 11.1999 im LSW in Soest.*

Gudjons, H. (1986): Was ist Projektunterricht? *In: Bastians/Gudjons (Hrgs.) (1986), S. 14-27. Zitiert nach Schwerdtfeger 1999.*

Hänsel, D. (1997): *Handbuch Projektunterricht.* Weinheim und Basel: Beltz.

Hoffmann, B. / Langefeld, U. (1998): *Methoden-Mix. Unterrichtliche Methoden zur Vermittlung beruflicher Handlungskompetenz in kaufmännischen Fächern.* Darmstadt: Winklers, Gebrüder Grimm.

Hugenschmidt, B. (1999): *Handlungsorientierte Unterrichtsmethoden: Methodentraining.* Seminarunterlagen eines Fortbildungsseminars der Staatlichen Akademie für Lehrerfortbildung (Wirtschaft und Technik) Esslingen.

Hugenschmidt, B. (1999): *Handlungsorientierter und schülerzentrierter Unterricht. Projekte mit SchülerInnen planen und durchführen.* Seminarunterlagen von einem Fortbildungsseminar der Staatlichen Akademie für Lehrerfortbildung (Wirtschaft und Technik) Esslingen.

Hugenschmidt, B. (1999): *Methodenvielfalt – Methodentraining. Kreatives und effizientes Lernen in der Schule.* Seminarunterlagen einer Fortbildungsveranstaltung der Staatlichen Akademie für Lehrerfortbildung (Wirtschaft und Technik) Esslingen.

Jank, W. / Meyer, H. (1994): *Didaktische Modelle.* Berlin: Cornelsen.

Kittelberger, R. / Freisleben, I. (1994): *Lernen mit Video und Film.* Weinheim und Basel: Beltz.

Klippert, H. (1994): *Methoden-Training.* Übungsbausteine für den Unterricht. Weinheim und Basel: Beltz.

Klippert, H. (1995): *Kommunikationstraining.* Übungsbausteine für den Unterricht. Weinheim und Basel: Beltz.

Klippert, H. (1998): *Teamentwicklung im Klassenraum.* Übungsbausteine für den Unterricht. Weinheim und Basel: Beltz.

Klippert, H. (1999): *Teamentwicklung im Klassenzimmer. Übungsbausteine für den Unterricht.* Weinheim und Basel: Beltz.

Krumm, H.-J. (1999): *Unterrichtsbeobachtung: ein Verfahren der Qualitätssicherung in der Lehrerfortbildung.* In: Fremdsprache Deutsch Sondernummer 1999: Lehrerfortbildung. Stuttgart: Klett Edition Deutsch, S. 60-64.

Krumm, H.-J. (1991): *Fremdsprache Deutsch,* 4 *Unterrichtsprojekte – praktisches Lernen im Deutschunterricht.* München: Klett Edition Deutsch. S. 4-8.

Landesinstitut für Erziehung und Unterricht Stuttgart (1996 u. 1997) (Hrsg.): *Handlungsorientierte Themenbearbeitung.* H-96/44 und H-97/31 (Abteilung: Berufliche Schulen, Reihe: Berufsbezogene Fächer, Handreichungen) Stuttgart.

Legutke, M. (1999): *Fort- und Weiterbildung. Einflussfaktoren und Brennpunkte.* In: Deutsch als Fremdsprache Sondernummer 1999: Lehrerfortbildung. Stuttgart: Klett Edition Deutsch. S. 6-11.

Legutke, M.: *Arbeitsformen in der Aus- und Fortbildung: Seminardidaktik.* In: Handbuch für Spracharbeit: Fortbildung Teil 6/III. 20.4 2. Eine Publikation des Goethe-Instituts München. O.J.

Legutke, M.: *Einführung in das Handbuch für Spracharbeit*: Fortbildung. Teil 6/I. 0. Eine Publikation des Goethe-Instituts München. O.J.

Mercedes Benz AG: *Eine Ausbildungsmethode: Ausbildung am Arbeitsplatz.* Eine Publikation der Mercedes Benz AG. Seminarunterlagen. O.O., O.J.

Meyer, H. (1987): *Unterrichtsmethoden-.* Berlin: Cornelsen.

Meyermann, P. (1999): *Evaluation oder was? Zur Wirksamkeit und Langfristigkeit von Lehrerfortbildung.* In: Fremdsprache Deutsch Sondernummer 1999: Lehrerfortbildung. Stuttgart: Klett Edition Deutsch, S. 65-70.

Ott, B. (1997): *Grundlagen des beruflichen Lernens. Ganzheitliches Lernen in der beruflichen Bildung.* Berlin: Cornelsen.

Ross, E. (Hrsg) (1997): *Berufsbezogenes Fremdsprachenlernen. Neue Konzeptionen, Inhalte, Methoden und Medien.* Bundesinstitut für Berufsbildung: Berichte zur beruflichen Bildung. Heft 205. Bielefeld: Bertelsmann.

Schelhaas, Ch. (1997): *Lernen durch Lehren. Für einen produktions- und handlungsorientierten Fremdsprachenunterricht.* Marburg: Tectum.

Schmidjell, A.: *Entwicklung von Moderationsfähigkeit.* In: Handbuch für Spracharbeit: Fortbildung. Teil 6/III. 20.5.2. Eine Publikation des Goethe-Instituts München. O.J.

Schmidjell, A.: *Moderationsmethoden: Methodische Hilfen in der Moderation: Metaplan-Techniken.* In: Handbuch für Spracharbeit: Fortbildung. Teil 6/III. 20.5.1. Eine Publikation des Goethe-Instituts München. O.J.

Schwerdtfeger, I. (1999): *Bericht über die Arbeit der Sektion 7: Projektarbeit und Lernerkontakte.* Sektionsbericht von der Internationalen Deutschlehrertagung in Amsterdam 1997. Manuskriptfassung. O.O.

Technau, A. (1997): *Die Lernwerkstatt.* Seminarunterlagen der Fortbildungsveranstaltung: Handlungsorientierte Unterrichtsmethoden: Methodentraining. Staatliche Akademie für Lehrerfortbildung (Wirtschaft und Technik) Esslingen 1999.

Tönshoff, W.: *Seminardidaktik für DaF-Multiplikatoren: Planung und Durchführung von Veranstaltungen in der Fort- und Weiterbildung.* In: Handbuch für Spracharbeit: Fortbildung Teil 6/III. 20.4.1. Anhang 7. Eine Publikation des Goethe-Instituts München. O.J.

Weitz, B.O. (1998): *Handlungsorientierte Methoden und ihre Umsetzung.* Bad Homburg vor der Höhe: Verlag Dr. Max Gehlen. S.53.
Werkgroep Deutsch macht Spaß (1997): *Intercultureel leren door contacten over de grenzen.* Amsterdam.
Wicke, R. (1995): *Kontakte knüpfen.* Fernstudieneinheit 9. München: Goethe-Institut, Langenscheidt.
Wicke, R. (1997): *Vom Text zum Projekt.* Berlin: Cornelsen.
Wordelmann, P. (1997): *Internationale Qualifikationen und Fremdsprachenlernen – eine Bestandsaufnahme.* In: Bundesinstitut für Berufsbildung (Hrsg.) Berufsbezogenes Fremdsprachenlernen, Berlin 29-54.

Anhang

Projektpartner

Braitmaier, Hansjörg: Theodor-Heuss-Schule, Reutlingen, D
Brodka, Aneta: Swietokrzyskie Centrum Doskonalenia Nauczycieli, Kielce, PL
Brunings, Woody: friesland college mbo horeca en voeding, Leeuwarden, NL
Buggermann, Hans-Peter: Staatl. Akademie für Lehrerfortbildung (Wirtschaft und Technik), Esslingen, D
Cieslik, Malgorzata: Zespol Szkol Ekonomicznych, Kielce, PL
Drössel, Tanja: Theodor-Heuss-Schule, Reutlingen, D
Ee van, Alwin: Webprojecten & Tekstproducties, Utrecht, NL
Fuchsova, Marta: Vyssi dopravni akademie, Ceska Trebova, CZ
Gawlik, Roman: Zespol Szkol Ekonomicznych, Kielce, PL
Génin, Jean-Marie: Lycée Professionel Régional Paul-Louis Cyfflé, Nancy, F
Herrlitz, Wolfgang: Expertisecentrum Duits, Universiteit Utrecht, Utrecht, NL
Kazelleova, Jitka: Masarykova Univerzita - Centrum pro dalsi vzdelavani, Brno, CZ
Keij, Adrie: Fontys Lerarenopleiding, Tilburg, NL
Kirchhoff, Jörg: Webbeam, Ingersheim/Kreis Ludwigsburg, D
Krebbeks, Henny: Fontys Lerarenopleiding, Tilburg, NL
Levy-Hillerich, Doro: Goethe-Institut Nancy, F
Koziara, Barbara: Policealne Studium Hotelarskie, Wroclaw, PL
Linthout, Gisela: Goethe-Institut Amsterdam, NL
Lamby, Herbert: Weil am Rhein, D
Luba, Ewa: Zespol Szkol Ekonomicznych, Kielce, PL
Mallin, Wolfgang; Asperg/Kreis Ludwigsburg
Melicharek, Mirko: VOS ARITA s.r.o., Praha, CZ
Meijer, Dick: SLO (Stichting Leerplanontwikkeling), Enschede, NL
Monnez, Ruth: Lycée Professionel Régional Paul-Louis Cyfflé, Nancy, F
Necasova, Pavla: VOS ARITA s.r.o., Praha, CZ
Rempfer, Jörg: Staatl. Akademie für Lehrerfortbildung, Wirtschaft und Technik, Esslingen, D
Rieger, Siegrid: Goethe-Institut Amsterdam, NL
Rupp, Martin: Theodor-Heuss-Schule, Reutlingen, D
Schmitz-Schwamborn, Gabriele: Goethe-Institut Amsterdam, NL
Sessink, Peter: friesland college mbo horeca en voeding, Leeuwarden, NL
Smith, Hubert: friesland college mbo horeca en voeding, Leeuwarden, NL
Splichalova, Jitka: Vyssi dopravni akademie, Ceska Trebova, CZ
Stadler, Uwe: Kaufmännische Schule, Kehl, D
Telus, Jan: Swietokrzyskie Centrum Doskonalenia Nauczycieli, Kielce, PL

Thij ten, Eleonore: Expertisecentrum Duits, Universiteit Utrecht, Utrecht, NL
Ternité, Eva-Maria: Expertisecentrum Duits, Universiteit Utrecht, Utrecht, NL
Veldenz-Dunne, Monika: Goethe-Institut München, D
Vijgen, Mathi: Expertisecentrum Duits, Universiteit Utrecht, Utrecht, NL
Wiercimok, Grazyna: Policealne Studium Hotelarskie, Wroclaw, PL